出口汪
Hiroshi DEGUCHI

ただよび®
大学受験シリーズ

現代文講義

小説・随筆・共通テスト編

水王舎

いちばんわかりやすい！ 実況 論理国語

現代文講義 小説・随筆・共通テスト編

目次

はじめに

皆さん、こんにちは。出口汪です。本書は「現代文講義・評論編」に続く講義をそっくりそのまま再現したものです。小説、随筆などの心情問題、共通テストの傾向と対策など、前著の「評論編」で取り上げることができなかった大切な問題を収録しています。また論理的な読解法や解法を、より高度な問題を通して理解すると同時に、選択肢の選び方、記述式問題の解答の作成方法などを学ぶ、かなり実践的な内容となっています。本書によって、皆さんは現代文の面白さ、深さを存分に味わうことができるものと信じています。

現代文においては、同じ文章でなおかつ同じ設問が出題されることはまずありえません。問題を解くための一貫した規則、いわゆる論理がわからなければ、安定して正解を導き出すことはできません。だから、どんな文章でも読めて、どんな設問でも解けるようになる、再現性のあるこの講義こそ、皆さんの実力を高めるものなのです。

出口　汪

随筆の解法

随筆の解き方を説明しましょう。随筆は随想・エッセーとも呼ばれますが、一見すると評論とあまり区別がつかないものも多くあります。とくに厳密に区別をつけなくてもいい場合もありますが、**評論でなく随筆だと思って解くと、解きやすい場合もあるので、以下のことをしっかりと理解してほしい**と思います。

まず、評論文の筆者は評論家や学者である場合がほとんどですが、随筆の筆者は文学者であることが多い、ここが大きく違います。また、伝えたいことが、評論の場合は筆者の主張ですが、**随筆は筆者の主張というよりも筆者の思いや心情を綴った文章が多くなります**。例えば、古文でいえば清少納言の『枕草子』。これは、その時々の筆者の思いを綴った文章ですね。ですから、随筆を読むときは、筆者の主張よりも心情を読み取っていくんだと考えてください。

さらに文体が違います。評論は論理的な文章なので、評論用語を用いて論文の文体で書かれています。皆さんが評論文を読んで難しいと感じるのは、評論用語や論文の文体が日常生活であまり目にすることがないからだと思います。それに対して随筆は文学者の文章ですから、文学的表現を多用しています。そのために一見すると読みやすく美しい文章が多いのですが、**その分だけ逆に論理的に捉え**

にくくなります。また文学的文章は比喩を初めとするレトリックを多用する傾向にあるので、出題者はそこを設問にしようとします。

評論と随筆の違いを、具体例を挙げて説明しましょう。評論家や国文学者が『源氏物語』について論じたいことがあれば、『源氏物語』の原典を引用して筆者の主張を論証していく、これが評論です。それに対して、「私の『源氏物語』」、「『源氏物語』の思い出」のようなタイトルで書かれた随筆となると、筆者の心情が中心になります。

実際の入試で大問が二問ある場合、一問は論理的な文章、もう一問は心情を客観的に捉える文章であることが多いのです。論理的な文章は評論で、もう一問が随筆か小説です。共通テストは小説が出題されますが、私大ではむしろ随筆が出題されることの方が多いのです。

もちろん、評論でも随筆でも、筆者の主張、あるいは筆者の心情を不特定多数の他者に向けて論理的に説明している点は同じです。ですから、しっかり論理を追い、文中の言葉を根拠に設問を解けば、評論か随筆かの明確な区別がなかったとしても、必ず答えにたどり着くことはできます。ただ、「これは随筆だ」と判断してから読むと、非常に読みやすく、解きやすくなる場合があるということは覚えておいてください。

第1講

『風邪熱談義』

河上徹太郎

●目標得点 35点

問題 ▶ P.2

本講のねらい

随筆の論理的な読解と解法を学びます。一見曖昧に見える随筆も、背後に隠された論理を見抜くことで、面白いように設問が解けます。革命的な講義がいよいよ始まります。

最初の問題ですが、非常に難しく、なかなか点を取ることができなかったのではないかと思います。しかし、この講義を最後まで聞いて論理的な読解の力がつけば、皆さんは全問正解できるようになるはずです。

●●● 現代文の問題点とは ●●●

さて、この文章ですが、長文ですね。そのうえ、問三のような抜き出し問題もあります。長い文章であればあるほど、そこに多くの情報が盛り込まれています。それをただ漠然と読んでしまうと、頭の中がたくさんの情報でごちゃごちゃして混乱します。この状態をカオス（混沌）と呼んでいます。

頭の中で整理できていないから、それを理解して考えることができない。当然、設問に答えることもできない。該当箇所を抜き出せといわれても、短い文章ならば何とかなっても、長い文章だと、どこを答えればよいのかわからない。多くの受験生がこのような状態でしょう。

だけど、わかっていなくても選択肢があれば何となく選ぶことができるし、記述式問題は何となく文章の言葉を抜き出して並べれば、そこそこの点が取れてしまう。それで、自分が本当はわかっていないことに対して無自覚なままなんですね。そのため、読み方、解き方を変えようと本気で思わない。これが現代文のいちばんの問題点です。

「小説・随筆・共通テスト編」の講義を、どうして、この問題から始めるのかというと、どう読み、どう解いたのか、その差がはっきりと出る問題だからです。そういう意味では、前著の「評論編」で学習した論理的な読み方、解き方がある程度理解できたなら、読み方もわかり、解くことができるでしょう。ですから、まず試金石として、あえてこの問題を解いてもらったのです。

文章を本当に理解するには

この文章は長いのですが、論理を追って要点をしっかりつかまえれば、非常に単純な文章です。文章は長くなるほど、たくさんの飾りがついています。この飾りの部分をA´、筆者の伝えたいことをAとしましょう。A´がどれほどたくさんあっても、筆者の伝えたいAは変わりません。論理的に文章を読むというのは、このAをつかまえることです。つまり、文章の中にあるいくつかの要点を押さえて、要点と要点の関係を頭の中で整理できれば、どんな文章でも論理的に理解できるということです。

そして、文章を理解するには、要点を押さえて頭の中で論理的に理解すること以外に、もう一つ大事なことがあります。それは内容について、もう少し突っ込んで考えてみることです。この文章は現代について語ったものです。ということは、皆さんもこの現代に生きているわけですから、この文章を本当に理解するには、自分が今、生きている暮らしの中で、書かれている内容を「こういうことか」と実感することが必要なんです。

●●● 知のストックをしよう ●●●

現代文に出題される文章をたくさん読んでみると、切り口やテーマは異なっていても、結局、書かれているのは現代であり、人間であり、日本であり、日本人についてです。これを自分が実感できたと思えるまで読むと、十の文章を読めば十の角度から現代についての認識を深めたことになります。そうすると、次に読む現代文の文章や、あるいは英語の論説文、また小論文のテーマなども、つまるところ、切り口や語り口が違うだけだとわかるので、だんだん理解しやすくなっていきます。そうなると読むことが面白くなるし、文章を読めば読むほど、いろんな角度から現代に対しての認識を深めることもできます。

そして、これを続けることで、非常に健全な知の蓄積ができてきます。これも現代文を学ぶ面白さの一つなのです。そして、小論文では何が出題されても、自分の中にあるストックを取り出すことで、すぐに対処できるようになるのです。

小論文が難しいと感じるのは、実は、自分の中に書くための材料がないからです。空っぽの箱からものを取り出すことはできませんよね。自分の中に書くべきものが何もなければ、当然、非常に浅い内容の薄っぺらなものしか書くことができません。そういった意味では、この講義を読むことで知のストックをして、また、それを自分のものとして実感できるように学んでいってほしいと思います。

では、本文を読んでいきましょう。

この正月、私としては珍しく風邪で高熱を出して、数日寝込んだ。そんなことはまずここ数年間なかったことである。

子供の頃虚弱だった私は、冬はよく床の中で過した。熱に浮かされてウツラウツラと眠りに誘いこまれ、フト眼を覚ますと障子に当っていた陽の光がすっかり薄れて、街からは豆腐屋のラッパが聞え、台所では母がコトコトと何か俎《まないた》の上で刻んでいる。子供は聞きながら、ああ、今日も終ったと、甘い夢心地である。それは彼なりの無為への悔恨なのだが、しかしこれも子供なみに、懶惰《らんだ》な誘惑に身を任せたという、官能的な陶酔でもあるのだ。

　今度私は五十年以上たって同じ経験を繰返し、同じ想いを思い出し味わった。それは少年の日の甘い追憶なのだが、然《しか》し追憶だから甘いのではなくて、この種の体験自体がいつでも甘いのである。

常に具体か抽象かを意識する

　まず、文章の要点をつかまえるとは、どういうことかわかりますか。評論や随筆の場合、要点とは筆者の主張あるいは筆者の心情です。しかし、当然その主張や心情を不特定多数の読者は知りません。また、反対の考えを持っている人もいるかもしれません。ですから、筆者は文章を書くとき、自分が伝えたいことを他者はそのことを知らない、または、わかっていないのだから、伝わりやすくするために、わかりやすいような身近な例やエピソード、あるいは同じことを言っている人の文章を引用します。これが具体例ですね。つまり、筆者の主張や心情と具体例はイコールの関係になります。主張は抽象で、体験・エピソード・引用は具体です。

読解のルール

A´＝A
筆者の主張（抽象）
具体例・体験・引用（具体）

文章を読むときは、常に具体か抽象かを意識しましょう。自分の意識で文章を読むのではなく、筆者の立てた筋道を追っていく、つまり、筆者の意識で文章を読めば無意識に主観が入ることもなくなります。

皆さんは、今まで自分の意識で文章を読んできたと思います。すると、必ず無意識に自分の主観が入る。自分の主観を通して文章を解釈してしまいます。これに対して、自分の意識を混じえないように括弧に入れて、筆者の意識で文章を読んでいく。すると、主観の入る余地がない。こうすることで、客観的に読んで、客観的に設問に対して答えを出すことができるようになります。

では、まず冒頭、A（抽象）から入るのか、A´（具体）から入るのかを見てみます。こう書いてありますね。「この正月、私としては珍しく風邪で高熱を出して、数日寝込んだ」。私の体験エピソードですから、A´つまり具体的な話です。しかし、私の個人的な話をしたいから、わざわざ文章を書いたわけじゃないでしょう。ということは、この部分は要点ではなく飾りです。これを読んだ読者は、「よりにもよって正月早々、風邪で熱を出して寝込むなんてお気の毒に」と思うわけですね。

かぜをひけば天下晴れて寝ていられる。この特権をなぜ人々はもっと利用しないのだろう？　あなたは好きな時に寝て、そして何時に起きねばならないということもないのだ。こんな非現代的な、公認された放蕩《ほうとう》、全く抑圧のない肉体の放縦、それが市井人のわれわれのすぐ手近に準備されて待っているとは一寸《ちょっと》想像出来ないことである。

人は一日会社をサボって、うちで不貞寝《ふてね》をしていることは出来る。しかしこれとそれとが味が違うことは、単に公認非公認の問題ではない。いうまでもなく、それは健康と病気との違いなのだが、然し私はかぜで寝るのが「病的」だとは医学的意味以外にはいいたくない。その寝っぷりが人間的である点で、私はこちらの方が健康であるといいたいのである。

それにはひたすら「熱」というものの協力に、われわれは感謝しなければならない。熱がすべてを企画し、情熱づけ、こちらの責任を全部背負ってくれる。だからこちらは完全に自由なのである。今日人々があんなに声高く口にし、しかもとんでもない所を探しまわっている自由は、実はこんな身近な所にあるのである。

これに対し先ほどの欠勤者のうたた寝は、さしあたりこの自由が恵まれていない。彼は眠りつつそれを自分の責任で探さねばならない。つまり彼の眠りはそれだけ醒《さ》めているのである。

熱を病んで眠っている状態は、スポーツの一形式である。それだけに辛《つら》い。また刻々体力を消耗する。そんなことはいうまでもないが、ところでこのスポーツの相手、すなわち敵は誰か？ それは自分自身である。そのことがこの取組を八百長めいて、とりとめないものにする。しかし利点としては、勝ち負けに関らず試合を後腐れのないものにし、また私をどんな点でも傷つけない。その点でサッパリしているのである。

では、どこで筆者の主張がくるのか。読んでも読んでも、なかなか筆者の主張が出てきません。ずっと風邪熱の話で、風邪で寝ることは素晴らしいと書いている。なぜ風邪で寝込むことがこんなに素晴らしいのかというと、例えば会社をさぼって家でふて寝をすることもできるけれど、これは本当の自由ではない。会社をさぼってしまった、どうしようという罪悪感がある。また、人にばれたらどうしようとも思ってしまう。でも、風邪で寝込んでいるならば、堂々と好きなだけ寝ていられると。風邪で寝ることは完全に自由であるのです。また、風邪熱で寝ている状態はスポーツの一種で、熱と闘うのは自分との闘いであるなどと、風邪熱がいかに素晴らしいかを述べています。

いい廻しが堅苦しくなったが、A、かぜの御蔭でかなり熱は高くても生命の危険やさしたる病苦もなく、忘我に近い恍惚境《こうこつきょう》にはいり、世間かまわず大っぴらに昼間っから夢を見ていられるということは、何たる選ばれた者の特権が万人に与えられているのだろうということが［B］。人はこういう状態を購《あがな》うために普通酒か麻薬を用いる。しかしその効果はこれほど完璧《かんぺき》ではない。

　そのうち酒は、その狙《ねら》いが必ずしも酔うことにはない。その酔いには社交性が伴ったり、またある意味でしらふ以上に鋭く醒めることを求めて飲むということもたしかにいえるのである。

　麻薬といえば、前代のオピアムやアシッシから今日のシンナーに至るまで、目的はただ酔うことにあるようだ。不幸にして私はその味を知らないから、常習者からは笑われるかも知れないが、酔うという一事で一括してよければ、私が今いっていることと同じではないか？百年以上も前に、ボードレールはトーマス・ド・クインシイの1顰《ひそ》みに倣《なら》い、阿片《あへん》の齎《もたら》す幻覚に基づいて『人工天国（パラディ・ザルティフィシェル）』という美しい散文一巻を書いた。私は青年時代、別にそれを自分で実践しようという誘惑に脅かされることなく、一つの文学作品としてそれを鑑賞した。

　今日の殊に戦後の麻薬については、私は更に不案内である。時にそれを扱った小説作品に出会うが、そこにはそれに伴う事件は描いてあっても、服用者の生理的実感については何も私に教えてはくれないのである。

> だから私はかぜ熱がそれの代用品になるかどうか知らぬ。しかしそれは別にしても、熱の忘我の中にはたしかに酔いがある。それが私を解放し、陶酔させ、一種の無何有境へ連れこんで遊ばせてくれる。これほど手近な、安価な、間違いのない、(効果の上でも危険性の上でも)麻薬遊びがあろうか? 人はそれによって疎外・蒸発、自由自在だし、復帰は百パーセント確実である。しかもその肉体は、宇宙飛行士その他特殊技能者の如く全身洗い浄《きよ》められ、生れ変ってすがすがしく以前の戦列につけるのである。[2]これほど健康な状態があろうか?

風邪熱の話がまだ続きます。風邪は身近なものであり、しかも風邪で死ぬことはめったにないから安全であると、熱の酔いが素晴らしい快楽であるということを繰り返し述べています。さらに、その心地よさを、お酒や麻薬とも比べ、さらには宇宙飛行士まで出して、それよりも安価で安全な酔いがあるだろうかとまで書いているんですね。

さて、いったいどこで抽象化するのかと読んでいくと、56行目に傍線部2があります。「これほど健康な状態があろうか?」。ここで、「えっ」と思いませんか? 風邪とは病気ですよね。それなのに、あえて筆者は健康な状態と言っている。他のいろんなものと比べて、「これほど健康な状態があろうか?」と。そして、次から話の流れが変わりますよ。

だから3右の状態は、□。勤め人がたまの休日を人ごみに揉《も》まれて郊外の遊園地あたりで子供とあわただしい一日を過すみじめさはよく漫画のタネになっているが、一方われわれはお小使いをしわ寄せすれば、昔なら貴族富豪の独専であった汽車旅行やホテル生活を味わうことが出来る。しかしそこには歪められた優越感・虚栄心以外にどんな陶酔があろうか？　そしてまた、今では幽邃《ゆうすい》な古社寺の門前には観光バスが列《なら》び、名代の食い物屋が日に数百千の客を賄わねばならないとなれば、味はいやでも規格化せざるを得ない。つまり万人がエリートなのであって、優越感というものが余り快楽の上でものをいわなくなった時代である。あくせくレジャーを求めて、どれだけ心身ののびやかさと解放感が得られるのか？　実は勤労生活をちょうど裏返しにした時間の縄の目を、ノルマを遂行するために勤勉に辿《たど》っているだけなのである。

近代人が物質を支配することを覚えたつもりでいて逆にこれに支配されていることは人々が口にするところだが、時間についてもそれがいえる。電車を待つ二分間を週刊誌がないと潰《つぶ》せないとは、何たる惨めなことであるか！　古代人は悠々懐《ふところ》ろから小銭や札束を出して使い分けるように、時間をわがものと扱って暮していた。思えば時間の単位が十進法でなく六十進法であることは、何という叡智《えいち》であろう？　六十は二でも三でも四でも五でも六でも割れる。その各自の個性的な組合せのうちに、勤労とレジャー、優雅と時間貧乏の差違が出て来るのである。

●●● 文章の流れを意識する ●●●

傍線部3の前に「だから」とありますが、「だから」の直前までは風邪熱の話でした。つまりずっと具体的な話ですね。

次に空欄があって、その先を読むと「勤め人がたまの休日を人ごみに揉まれて郊外の遊園地あたりで子供とあわただしい一日を過す……」とあり、これもまた具体例です。ところが、この具体例はこれまでと話が変わっています。ここまでは、風邪熱には自由で解放感がある。あるいは、熱の酔いが心地よい、という話をしていました。それに対して、この空欄の後の具体例は、自由や解放感とまったく逆の話になっています。休みになれば人ごみに揉まれて遊園地に行く、旅行に行けば観光名所をバスで巡って、数百千の人が押し寄せる有名な食べ物屋さんで規格化されたものを食べる。こういった例が挙げられています。つまり、風邪熱で寝込んだときの自由や解放感とまったく逆のことが書かれています。この展開を押さえておきましょう。

●●● 現代を象徴する「規格化」 ●●●

ここで、大事な言葉が一つ出てくるので解説しておきます。食べ物屋の例に、「味はいやでも規格化せざるを得ない」とあります。この「規格化」という評論用語をチェックしておきましょう。これは現代を象徴するキーワードの一つで、これが出てくると筆者の言いたいことが何となくわかる重要なワードです。規格というのは統一基準です。現代を捉えようとするとき、近代を推進する考え方の一つである生産主義を理解しましょうということを「評論編」で述べました。**生産主義では、いかに多くのものを生産するのかを重視して、それを進歩だと考えました。**例えば食べ物屋だと、個人経営のお店は料理人が自分の得意な料理を作るから、店によってメニューも違えば味つけも違います。仕入れもお店ごとに食材を買うので、仮に売れなければその食材は無駄になってしまいます。つまり、決して効率がよいとはいえません。また、ちゃんと修業を積んだ料理人じゃないとお店を出すことはできませんね。

しかし、ファミレスや大手のチェーン店は違います。これこそが、まさに規格化することによって成功している例です。統一されたマニュアルがあるから、どこの店舗でも同じ味、同じ値段、同じサービスを提供できます。マニュアル通りやれば誰にでも作れるから、修業を積んだプロじゃなくてもできる。しかも、どこの店舗も同じ食材を使うから、大量に仕入れることで無駄も省けるし、安く提供できるわけです。

ということは、明らかに規格化された方が競争社会では強いですよね。だから、いろんな業界でチェーン展開が成功するわけです。コンビニやカラオケもそうです。まさにこの規格化ということが、現代を象徴する言葉だということがわかりますね。

●●● 具体例どうしの関係を考える ●●●

規格化の説明はこのくらいにして、食べ物屋の話も具体例の続きでした。では、どこで抽象化するのかというと、その次です。チェックしましょう。「つまり万人がエリートなのであって、優越感というものが余り快楽の上でものをいわなくなった時代である」。ここからまとめていますよ。では、この後に線を引きましょう。

「あくせくレジャーを求めて、どれだけ心身ののびやかさと解放感が得られるのか？　実は勤労生活をちょうど裏返しにした時間の縄の目を、ノルマを遂行するために勤勉に辿っているだけなのである」。ここでようやく抽象化しています。これを読んでまた「え？」と思いませんか。突然レジャーの話になっています。そこで、これまでの風邪熱の話とレジャーがどう関係するのかということを考えなければいけません。どうすれば論理的な関係を成立させることができるのかっていうことですね。

これについては問題を解きながら解説していきます。では、まず問一と問二を解いてしまいましょう。

問一　文中の空欄A・Bに入る最も適当な言葉を、次の①～⑦の中から選べ。

①　反対に私は　②　要するに私は　③　これに対して私は
④　かえって私は　⑤　いいたいのである　⑥　試みたいのである
⑦　いえるのである

選択肢を整理してから解く

問一の空欄はA、Bと二つあります。それに対して選択肢が七つ。七つから一つ答えを選ぶよりは、整理してから考えると効率的です。空欄Aならば、読点の後なので文頭の形になるから、①、②、③、④のうちのどれかです。つまり四つの中から選ぶことになります。空欄Bは文末ですから、⑤、⑥、⑦から選べばよいわけです。今回は二つに分けましたが、他の選択肢問題でも、**選択肢が多い場合はこのように整理をしてから解くようにすると、速く正確に答えを出すことができます。**

さて、空欄Aは選択肢①②③④から選ぶのですが、ちょっと違和感を覚えた人もいるのではないでしょうか。その感覚は非常に大事なものですよ。なぜ違和感があるのか。それはどの選択肢にも「私は」とあるからでしょう。となれば、最初から「私は」を空欄Aに含めないようにすれば早いのに。すると単純な接続語の問題になります。

では、どの言葉が入るのか。空欄Aの直前に「いい廻しが堅苦しくなったが」とあるので、この後には、**これまでに言ったことを、堅苦しくないように、もう一度わかりやすく説明する文がくることがわかります。となれば、接続語はまとめる言葉になります。**①「反対に」③「これに対して」④「かえって」の三つは、どれも前の内容をひっくり返すときに使う接続語です。前の内容をまとめる言葉といえば、②「要するに」しかありません。

●●● 答えの根拠を論理的に説明できるか ●●●

問題は空欄Bの方です。先ほど「私は」という言葉がどの選択肢にもあって違和感があると言いましたが、何か理由がないとこんなことはしません。出題者が罠を仕掛けていると考えられるのです。でも、罠は外してやればなんてことない。そこで空欄Aに「私は」とあらかじめ入れて考えましたよね。空欄Bは⑤⑥⑦から選ぶのですが、この前を見ると「特権が万人に与えられているのだろうということが」とあります。まず、⑥「試みたいのである」は変ですよね。「すべての人に特権が与えられている」っていうことを筆者は言おうとしているのですから、試みているわけではないのです。では、⑤か⑦のどちらなのか。⑤「いいたいのである」。おそらく「いける」と思って⑤を選んだ人も多いと思います。これは⑤の方が⑦より先にあったからじゃないですか。もし⑦「いえるのである」が先にあれば、⑦を答えにした人も多いと思うんですよね。正解は⑤ですが、大切なのは本当にわかっているかどうかです。⑤と⑦があって、たまたま⑤が先だったから、これだと思って選んだ人は、なぜ⑦の「いえるのである」がダメなのかを論理的に説明できますか？　入試には同じ文章、同じ設問は絶対に出題されません。ですから、今、この問題に正解できたかどうかということは、実際に皆さんが受ける入試には出題されないので、ある意味ではどうでもよいのです。それよりも、解き方が間違っているのに正解してしまい、それに気づかないことの方がマイナスになりますから、ここはしっかり考えておきましょう。

　では、⑤と⑦のどちらが正しいのか。「何々ということがいいたい」「何々ということがいえる」。このように選択肢の言葉を空欄に入れて前後をつなげてみれば、どっちでもおかしくない。では、この問題は何の問題か。どう解けばいいのか。そこにこだわってほしいと思います。これは述語を選ぶ問題です。述語は何によって決定しますか？　述語を決定するのは主語です。⑤の「いいたい」の主語になるのは「人間」です。願望ですからね。⑦の「いえる」の主語になるのは「こと」ですよ。ではこの文の主語は何なのか。気がつきましたか？　出題者が罠を仕掛けたんですよ。私はこれをすごく面白いと思いました。この罠ですが、空欄Bの答えは主語によって決定する。だから、空欄Aで、主語である「私は」を隠したんじゃないでしょうか。もしも「私は」を隠さずに、空欄Aが単なる接続語の問題だったなら、空欄Bはもっと簡単だったと思います。ということで、**この文章の主語は、「私は」なんです。**「私は……いえるのである」は変ですよね。「私は……いいたいのである」でしょう。空欄B直前の「ことが」は、主語に見えるけれど、そうではありません。「私は（主語）……ということが‖いいたいのである（述語）」。したがって答えは⑤です。

このように、どのように解いたのかを論理的に説明できないと、本当にできたことにはならないし、いつまでたっても力はつきません。ちなみに、本当の論理力がつけば、問一は文章全体を読まなくても、その前後を読めば解けてしまう。ぱっと見て二十秒ぐらいで解いてしまえるような問題です。

問二

傍線部1「顰みに倣い」は、「昔、中国の越の西施という美人が病んでまゆをしかめ、美しく見えたのを見て、女たちがみんなまゆをしかめたという故事」から使われるようになった言葉である。文中ではどういった意味で使われているか簡潔に書け。

設問に応じて解答を作成する

では続けて問二です。「顰みに倣い」というのは、真似をするっていう意味ですね。わざわざ故事を解説して、ヒントを出してくれています。ここでは、「真似をすること」では答えになりませんよ。ただし、設問に「文中ではどういった意味で使われているか簡潔に書け」とありますから、あれこれ書く必要はありません。

この前後の文脈を見ると、「ボードレールはトーマス・ド・クインシイの顰みに倣い、阿片の齎す幻覚に基づいて『人工天国（パラディ・ザルティフィシェル）』という美しい散文一巻を書いた」と書いてある。ということは、このクインシイがしたことを真似して、ボードレールも阿片の齎す幻覚に基づいて詩を書いたということですよね。だから、本文での意味はどういうものかというと「ボードレールがクインシイのやり方を真似たこと」あるいは「麻薬が齎す幻覚によって散文詩を書いたこと」でもいいと思います。

文章の論理的なつながりから考える

さて、難しいのは問三と問四です。これらの問題で、皆さんが論理的に読めたのかどうかがわかりますよ。あえて問四からやりましょう。

問四 傍線部３「右の状態は」に続く文章として最も適当なものを、次の①～④の中から一つ選べ。

① いうなれば究極の快楽の状態というべきものである
② 完全な自由を求めてやまない人間の姿である
③ 動物としての人間の自然な状態なのである
④ 正しくレジャーというものの理想的な状態なのである

「右の状態は」に続く文章としてどうなのかを考えます。「右の状態」とは風邪熱で寝込んだ状態でした。これをお酒の酔いや麻薬、宇宙飛行士と比べて手軽に同じような状態になれると言っていましたね。そこで「右の状態は」といえば、多くの受験生が①を正解にしたのではないかと思います。「いうなれば究極の快楽の状態」であると。

「いうなれば」と、今まで述べたことをここで「風邪熱で寝込んだのは究極の快楽の状態である」とまとめたわけですね。とりあえず①を保留にして、他の選択肢を見ておきましょう。

②「完全な自由を求めてやまない」はおかしいですね。自由を求めて風邪熱になったわけではありませんし、また、風邪をひくのは自分から求めたわけではないから、②は×。

風邪熱で寝込んだ状態を③「動物としての人間の自然な状態」とするのは、よくわかりません。意味不明ですね。では、やはり①が正解なのかというと、そうではないのです。なぜだかわかりますか?

「右の状態は」といって、右の状態をまとめれば「究極の快楽の状態」で合っています。ところが、その次です。現代のレジャーに関する具体例があって、それをまとめたのが「あくせくレジャーを求めて、どれだけ心身ののびやかさと解放感が得られるのか?」の一文ですね。つまり現代のレジャーでは心身ののびやかさも解放感も得ることができないということです。「実は勤労生活をちょうど裏返しにした時間の縄の目を、ノルマを遂行するために勤勉に辿っているだけ」なのだと。現代のレジャーっていうのは、ノルマを遂行するために決められたことをやっているに過ぎないんだと言ってるんですね。実は、これは対立関係にあることがわかりますか? 「右の状態」と、その後の「現代のレジャー」を比べているんですよ。では、風邪熱で寝込んだ状態と現代のレジャーは対立関係になるでしょうか。対立関係とは、何かと何かを比べるんだから、同じ土俵にあるものでなければ対立関係になりません。つまり、右の手袋と左の靴を対立関係で比べることはできないですよね。すると、気になる選択肢があることに気づきましたか？ ④「正しくレジャーというものの理想的な状態なのである」。これを入れるとどうなるでしょうか。

ここで文章の論理構造を確認しておきましょう。「だから右の状態は」までが風邪熱の話の具体。その後に空欄があって、その後に現代のレジャーの具体がきている。現代のレジャーの話は風邪熱とは反対の具体例だから、空欄で具体を抽象化した文をもってこないとおかしいはずです。そこで、④を選ぶことで、「正しくレジャーというものの理想的な状態」だとまとめてやれば、理想的なレジャーの状態と実際の現代のレジャーとを比べることになり、初めて対立関係が成り立つんです。

ということは、④でないと、その後の文との論理的な関係が成り立たなくなるんですね。①は、前の文をまとめてはいますが、後の文とつながらないのです。

さらにもう一つ、これは問三にも関わってきますけれども、直前の傍線部2には「これほど健康な状態があろうか？」とある。風邪熱で寝込んでいるのに、なぜ健康な状態なのかというと、風邪熱は病気だけれども、レジャーとしては健康な状態だ、ということです。これを根拠に、「だから右の状態は」はレジャーの理想的な状態なんだとつながります。つまり、因果関係を表す「だから」という接続語も、④を入れることによって成り立つんですね。

文章の論理構造を読み取る

このように、文章の要点をつかまえるということがわかっていなければ、長い文章にはいろんな具体例が出てくるので頭の中がごちゃごちゃしてしまい、筆者が何を言いたいのかわからなくなります。このような状態では、具体と抽象の関係、理想的なレジャーの状態と現代のレジャーとの対立関係という論理的な整理の仕方ができません。しかし、これができるようになれば、問四は確実に解くことができます。

文章を読みながら、「**最初はエピソードつまり具体例だな。どこまで読んだら主張がくるだろう。『右の状態は』の後の空欄まで主張がこないから、ここに入るのだろう。それに、その後がまた具体例で、それを抽象化したのが『現代のレジャー』だ。ということはここは対立関係なのだから、この空欄に入るのは現代のレジャーに対して理想的なレジャー。問四の答えは④だ**」というように解くことができるんですね。文章を全部読まなくてもわかるようになるんです。

読解のルール

具体的な文章は、どこで抽象化するかを意識せよ!

問三

筆者は熱の忘我の酔いについて、傍線部2「これほど健康な状態があろうか?」と述べているが、それでは筆者の考える不健康な状態とはどのような状態なのか、そのことを端的に記している箇所の最初の二字と最後の六字を書け。

では、問三です。まずは設問をよく読みましょう。一般的な不健康な状態を答えるのではなく、筆者の考える不健康な状態を答えます。傍線部2「これほど健康な状態があろうか?」とあり、風邪で寝込んでいる状態を健康と言っています。ということは、**筆者の考える健康な状態とは、レジャーとして風邪熱で寝込んでいて、自由で解放感のある状態**ですよね。そこで、筆者の考える不健康な状態を答えるには、**レジャーとして不健康な状態が書かれているところを見つければよい**。しかし、これだけ長い文章で該当するのは一箇所だけです。ですから、何となく読んでもまず見つけられません。そういった意味で、見かけ以上に難しい問題です。

抜き出し問題は、抜き出す場所を指定する条件があるかないかで解き方がまるで違ってきます。例えば「第三段落から抜き出せ」のように限定する条件がある場合、その中のどの部分が該当するか、文脈で解くことが多いんです。これに対して、まったく条件がない場合は、全体の論理構造から該当箇所がこの辺りだと絞り込まなきゃダメなんですね。

ここで筆者が考える不健康な状態とは、現代のレジャーのあり方です。現代のレジャーについて書いてあるのは「右の状態は」の空欄の後から、「実は勤労生活をちょうど裏返しにした時間の縄の目を、ノルマを遂行するために勤勉に辿っているだけなのである」までです。したがって、答えはこの範囲にあると当たりをつけることができます。

次に、抜き出し問題は条件が大事だからチェックします。すると、条件が二つありますね。まずは、「端的」。さらに、「最初の二字と最後の六字」とある。普通ならば、「始めと終わりの五字」などということが多いのに、なぜこのように中途半端な二字と六字なのか。ここもちょっと気になりますね。

設問の条件から考える

問題を作る立場になって設問を分析してみると、この出題者は非常に作為的に問題を作っていますね。抜き出し問題は大抵の場合、ここも答えだけれど、こちらでも答えになるというように、該当箇所が複数あります。そうすると採点が大変になるので、当然、答えが一つになるように条件をつけます。ではどのように条件をつけるのか。例えば、該当箇所が二つあり、一つは文章の始めの方で、もう一つは文章の終わりの方であれば、第二段落までから抜き出せというように条件をつけます。しかし、この問題では、現代のレジャーについて書いた部分は58行目から67行目までで、全て同じ段落にあります。したがって段落の条件はつけられません。では字数条件はどうかといっても、どこを切り取ってもあまり字数に差がないので、それもできない。

そこで「端的」という条件をつけています。逆にいうと、「端的」という条件をつけるしかなかった、ともいえるんですね。端的とは、ずばり結論を述べたところです。すると、58行目からはずっと具体例で、それをまとめているのは64行目の「つまり」から後です。さらにレジャーのことなので、この言葉を探すと65行目に初めて「あくせくレジャーを求めて、どれだけ心身ののびやかさと解放感が得られるのか?」とありますが、この文は疑問文だから端的とはいえません。そうなると、次の「実は勤労生活をちょうど裏返しにした時間の縄の目を、ノルマを遂行するために勤勉に辿っているだけなのである」。これが現代の不健康な状態、レジャーとして不健康な状態をずばり端的にいった箇所だとわかります。

始めと終わりを抜き出すときは、言葉のつながりを意識する

ここで、やれやれ答えがわかったと思ったら、まだ早いんです。仮に「一文を抜き出せ」という条件ならばこれで正解です。しかし、この問題は「不健康な状態とはどのような状態なのか」と聞いています。これに対する答えは、文末を「～という状態。」にする必要があります。文末がそうなるよ

うに抜き出すには、「勤勉に辿っている（という状態）」としないとダメですね。だから終わりの六字は、「に辿っている」が答えになります。

では、始まりはどこからなのか。文の始まりの「実は」からなのか、次の「勤労」からなのか。二字という条件をつけたのは、おそらく「実は」と答える受験生が多いと想定しているのではないでしょうか。なので、ここは**言葉のつながりを考えて答えを考えていく必要があります。そうすると、「実は」は「辿っているだけなのである」に、つながっています。ですが、「だけなのである」は文末の答えではありませんでした。したがって、それを修飾する「実は」も答えに入りません。**始まりの二字の答えは「勤労」です。さあ、できたでしょうか。

●●● 仕事と遊びの関係とは ●●●

さて、この講義のはじめに、文章を理解するということは、それを身近なこととして実感することだと言いました。このような評論文で、「レジャー」つまり遊びとの対立関係として用いられるのが「仕事」です。仕事とは多くのものを生産することで、より多くの利益を求めることです。だから、有効なのか、効率的なのかということが大事になります。また、仕事だから、時には嫌なことをしなければならない、命令されたことには従わなければならない、自由を得ることができない、ということもあります。これに対して、レジャーや遊びとは、本来の人間性を回復するためのものです。レジャーや遊びは何も生産しなくても構わないし、お金もうけをしなくてもいい。つまらなければやめればいいし、あるいは違う遊びをすればいい。これには解放感があり、自由です。仕事のように強制されることがありません。だから、**人間は仕事によって束縛を受け、強制され、自由を奪われたなら、次にはレジャーや遊びで人間性を回復するというのが、本来のあり方**だったのです。

現代のレジャーとは

ところが、そのレジャーにも商業主義、**生産主義が入ってきて、レジャーも商品として大量生産されるようになりました**。ゲームやアニメーションもそのうちの一つですね。いろんなレジャーがあって大量生産される。大量生産するということは、大量に売らなければならないということだから、いろんな形で人々の欲望を刺激する。すると、刺激を受けたわれわれはお金を払ってレジャーを買うことになります。休みになると、規格化され大量生産されたレジャーにお金を払って、それを消費するしかない。**その結果、本来のレジャーである自由も解放感も得られることがない。われわれは仕事で束縛され、そのうえ、レジャーでは規格化された商品を買わざるをえないということになっているのです。こうして人間は仕事でもレジャーでも自由を手放してしまったのが現代**だということが、多くの評論で語られています。ですから、この文章を読んだことで、次に仕事とレジャーの話が出てきたら、そのようなことが書かれているのかなと予測ができますよね。

本当の学びと現代社会

ついでに話をすると、皆さんは、大学入試のために受験勉強をしていますが、本来、学ぶことは遊びなんです。例えば、古代のギリシャでは、仕事は奴隷がすることで、一部の特権階級の人々は一生遊べばよかった。そこでの遊びというのが、哲学であり文学であり音楽であって、これがとても高度に発達しました。日本でも、平安時代の後宮で源氏物語や枕草子が生まれましたが、後宮文化の担い手であった女房たちは、基本的に炊事や洗濯などの家事をすることはほとんどなかった。このようなところから、文化が生まれてきたわけです。

つまり、本当の意味での学びとは、楽しいからすることなんです。そして、本当に楽しければ一生学び続けることができるんですね。今、皆さんは受験のために勉強をしている人がほとんどですが、この講義で学んだことをきっかけにして、本当に学ぶことの楽しさを少しでも知ってもらいたいと思います。

ところが、偏差値や合格という結果や成果だけを求めると、これは生産性を高めて利潤を追求する仕事と同じになってしまいます。結果を出すためには効率を高め、嫌でも強制されて勉強しなきゃダメだとなってしまう。本来、楽しい、自由なはずの学びが、いつの間にか仕事に変わってしまう。まさにこれが現代の学びのありようで、受験勉強に取り組んでいる皆さんも、これを実感することができると思います。この講義を学ぶことで、一つひとつの文章を実感することで自分のものにして、知のストックを蓄積していってほしいと思います。

解答

問一　A：②　B：⑤　（各8点）
問二　ボードレールがクインシイのやり方を真似たこと。（麻薬が齎す幻覚によって散文詩を書いたこと。）（8点）
問三　勤労〜に辿っている　（14点）
問四　④　（12点）

第2講

『鐘の声』

永井荷風

●目標得点 35点

問題 ▶ P.10

本講のねらい

文学的文章の読解。現代の価値観で読み解くのではなく、当時の生活感覚や価値観から文章を読んでいきます。情景描写からも作者の心情を客観的に捉えていきましょう。

●●● 文学史は時代背景とともに覚える ●●●

今回の問題の作者は永井荷風。文豪と呼ばれる文学者の一人ですね。文学史について、細かいことまで丸暗記する必要はありませんが、大まかなことは時代背景とともに知っておくと、いろいろな場面で役立つので、最低限のことは覚えておきましょう。

荷風は若いときに、欧米に留学をして、その影響を受けて日本に帰国し、『あめりか物語』、『ふらんす物語』などの作品を書いた、前期自然主義の中心となった人物です。荷風は明治の末から大正期にかけて、慶應義塾大学の教授になりました。そこで文芸雑誌『三田文学』を創刊し、自然主義から一転して反自然主義の一つである耽美派の中心となります。自然主義は現実をリアルに描きますが、そのために、どうしても人間の醜さや罪、いやらしさをえぐるように書く風潮がありました。荷風は自然主義を捨て、あくまで文学は芸術の一環なのだからと、最終的には美を描かなければダメだという立場を取っていきます。耽美派の代表的な作家には、他に谷崎潤一郎がいますね。

補足すると、前期自然主義はヨーロッパでゾラという人が提唱したものです。これまでの主流であったロマン主義が現実離れした作品が多かったことに対し、ゾラは現実を、客観的に分析し、科学的な方法によって描くべきだと提唱しました。ですから、これをゾライズムともいいます。それを日本に持ち込んだ代表的な一人が永井荷風なのです。

しかし、やがて日本では、いつの間にか客観的、実証的、科学的な方法はどこかにいってしまい、本当のことを書けばいいんだ、自分が見たことや経験したことを書けばいいんだ、という風潮になっていきました。ところが、自分はこんな立派であるということを書いた小説なんて誰も読んでくれません。そこで、徐々に人間の心の奥底にある恥部をえぐり出すような作品が増えていきます。やがて、自分の経験を隠すことなく書けばいいという私小説の流れになっていくんですね。このような、ヨーロッパから見ると「ゆがんだ自然主義」に反するように、永井荷風は反自然主義の耽美派の中心的な作家となっていったのです。では、この永井荷風の随筆を読んでいきましょう。

前後関係から解ける問題は先に解く

住みふるした麻布の家の二階には、どうかすると、鐘の声の聞えてくることがある。鐘の声は遠過ぎもせず、また近すぎもしない。何か物を考えている時でも、そのために妨げ乱されるようなことはない。そのまま考《かんがえ》に沈みながら、静《しずか》に聴いて居られる音色である。又何事をも考えず、つかれてぼんやりしている時には、それがために猶更《なおさら》ぼんやり、夢でも見ているような心持《こころもち》になる。西洋の詩にいう揺籃《ようらん》の歌のような、心持のいい柔《やわらか》な響《ひびき》である。

わたくしは響のわたって来る方向から推測して芝山内《しばさんない》の鐘だときめている。むかし芝の鐘は切通しに在ったそうであるが、今は其処《そのところ》には見えない。今の鐘は増上寺の境内の、どの辺から撞《つ》き出されるのか。[1]わたくしは之を知らない。

冒頭、「住みふるした麻布の家の二階には、どうかすると、鐘の声の聞えてくることがある」とあります。そして7行目「私は響のわたって来る方向から推測して芝山内の鐘だときめている」。この「きめている」をチェックしましょう。

永井荷風の麻布の家の二階には、時折、鐘の声が聞こえてきます。その鐘の声がどこから聞こえてくるのかというと、事実と関係なく、勝手に「芝山内の鐘だときめている」。これが私の心情、気持ちです。では、鐘はどこにあるのか。「むかし芝の鐘は切通しに在ったそうであるが、今は其処には見えない」。どこかに移転したんでしょうね。「今の鐘は増上寺の境内の、どの辺から撞き出されるのか。[1]わたくしは之を知らない」とある。「之を知らない」というのは、どういうことか。**これは知識がないのではなく、勝手に芝山内の鐘と決めつけているわけですから、現実にどこから聞こえてくるかってことには、私は関心がない**ということなんです。

問一　**傍線部1「わたくしは之を知らない」について、作者はどのような気持ちで「知らない」と書いたと考えられるか。最も適当なものを、次の①～④の中から一つ選べ。**

① 知らないことをすこし恥ずかしく思う。
② いつの日かぜひ知りたいものである。
③ むかし鐘のあった場所以外は絶対に知りたくない。
④ 知らなくともべつにかまわないと思う。

まず問一を解いておきましょう。**この設問は、最後まで読まなくても、前後関係で解けますよ。**作者は、どのような気持ちで「知らない」と書いたと考えられるか。**勝手に決めているわけですから、**

実際にどこで鐘が撞かれようが、私には興味がないということでしょう。そう考えれば、①「恥ずかしく思う」、②「ぜひ知りたい」はおかしい。③の「絶対に知りたくない」はどうかというと、ここまで強い気持ちではないですよね。永井荷風の気持ちは、別にどうだっていい、関心がないということですから、答えは④「知らなくともべつにかまわないと思う」です。

●●● 時間の流れを意識して読む ●●●

わたくしは今の家にはもう二十年近く住んでいる。始めて引越して来たころには、近処の崖下には、茅葺《かやぶき》屋根の家が残っていて、昼中も A が鳴いていた程であったから、鐘の音も今日よりは、もっと度々聞えていた筈《はず》である。然《しか》しいくら思返《おもい》して見ても、その時分鐘の音に耳をすませて、物思いに耽《ふけ》ったような記憶がない。十年前には鐘の音に耳を澄ますほど、老込んでしまわなかった故でもあろう。

然るに震災の後、いつからともなく鐘の音は、2むかし覚えたことのない響を伝えて来るようになった。昨日聞いた時のように、今日もまた聞きたいものと、それとなく心待ちに待ちかまえるような事さえあるようになって来たのである。

「わたくしは今の家にはもう二十年近く住んでいる。始めて引越して来たころには、近処の崖下には、茅葺屋根の家が残っていて、昼中も A が鳴いていた程であったから、鐘の音も今日よりは、もっと度々聞えていた筈である」。次の12行目、線を引きましょう。「然しいくら思返して見ても、その時分鐘の音に耳をすませて、物思いに耽ったような記憶がない」。二十年前に今の家に引っ越したときには、昼中も A が鳴いているくらいだったのだから、今よりも鐘の音が聞こえていたはずなのに、鐘の音に耳をすませて物思いにふけった記憶がないというのですね。

次の「然るに震災の後」の震災とは大正時代の終わりに起きた関東大震災のことです。この後、日本は戦争へ戦争へと、引きずられていきます。つまり、軍国主義の時代を迎えていくわけです。次に傍線がありますよ。「いつからともなく鐘の音は、[2]むかし覚えたことのない響を伝えて来るようになった」。その次は作者の心情ですからチェックしておきます。「昨日聞いた時のように、今日もまた聞きたいものと、それとなく心待ちに待ちかまえるような事さえあるようになって来たのである」。

該当箇所を探すときはポイントを絞る

問三 傍線部2「むかし覚えたことのない響」は、それより後の部分でどのように表現されているか。その箇所を抜き出し、最初の三字と最後の三字を書け。

さて、傍線部2の問三ですが、この問題がわからなければ、この文章全体を理解してないってことです。『むかし覚えたことのない響』は、それより後の部分でどのように表現されているか」。関東大震災の後から、聞いた覚えのないような音で鐘が響き始めたんですね。それはどんな響きなのか。設問には「それより後の部分で」とありますが、どうやって探せばよいか。ポイントになるのは、「震災の後」であるとわかる箇所を探すこと、そこに「むかし覚えたことのない響」を感じていることが書いてあればいいですね。

ずっと読んでいくと、「震災の後」で「むかし覚えたことのない（鐘の）響」のことが書かれている部分が45行目にあります。線を引きましょう。「昭和七年の夏よりこの方、世のありさまの変るにつれて、鐘の声も亦わたくしには明治の世にはおぼえた事のない響を伝えるようになった。それは忍辱と諦悟の道を説く静なささやきである」。ここですね。「明治の世」が「むかし」ですね。この文章を書いているのは「昭和七年の夏よりこの方」とあるので、昭和七年の夏より少し後でしょう。

時代背景も考えて読む

では、昭和七年とはどういった時代でしょうか。

関東大震災があって、その後すぐ昭和になり世界恐慌が起こります。さらに、マルクス主義が入ってきて共産主義が広がっていく。同じ文学者では、太宰治が共産党に入って悲惨な生活をしていました。

満州事変から日中戦争を経て太平洋戦争が終わるまでの間を十五年戦争ということがあります。全部合わせればほぼ十五年ということですね。終戦が昭和二十年ですから、昭和六年ぐらいから満州事変・日中戦争が始まって、日本はのめり込むように軍国主義に突入します。永井荷風は文学者ですが、作品を書くことができません。下手に書いたら捕まりますから、自分の思ったことも言えない。そこで、ひたすら鐘の音を聞いて物思いにふけるしかなかったのでしょう。

しかし、この麻布の家に引っ越した当初は忙しかったと思います。三田文学を創刊し、慶應大学で教え、活発に文学活動をして活躍していた。だから、その頃も鐘の音は聞こえていたはずなのに、忙しくて、それを聞いて物思いにふけった記憶がないと、昭和七年の今になって思い起こしているわけです。でも、今はやることがない。麻布の家の二階にいて、ただ鐘の音を聞いて物思いにふけっているわけです。では、**その鐘の音はどのようなものかというと、46行目の「それは忍辱と諦悟の道を説く静なささやき」です。**我慢しなさい、諦めなさいと鐘の音がささやいてくれる、それを聞きながらやることもなく、永井荷風は家の二階で物思いにふけっているんですね。答えは初めと終わりの三字だから、「忍辱と」「さやき」となります。

答えの該当箇所を「明治の世にはおぼえた事のない響」だと考えた人はいませんか。本文には「明治の世にはおぼえた事のない響を伝えるようになった。それは忍辱と諦悟の道を説く静なささやきである」とあります。「それ」という指示語があるので、「明治の世にはおぼえた事のない響」＝「忍辱と諦悟の道を説く静なささやき」です。したがって「むかし覚えたことのない響」を表現した言葉は「忍辱と諦悟の道を説く静なささやき」になります。

読解のルール
文学的文章は時代背景を頭に置いて読め！

●●● 選択肢を絞り込むには本文を最大限に利用する ●●●

問二 **空欄Aに入るものとして最もふさわしい語を、次の①〜⑤の中から一つ選べ。**

① 赤児　② 犬猫　③ 鶏　④ 蛙　⑤ 烏

次は問二の空欄Aを考えましょう。これはちょっと不思議な問題ですね。「昼中も［A］が鳴いていた」。永井荷風の近所の家で、**何が鳴いたかなんてわかるはずがないと思ったかもしれませんが、選択肢があるので、ここから考えていきましょう。**空欄Aの直後、「鳴く」であって「泣く」ではないので、①「赤児」は、×です。さらに、「昼中も鳴いていた」の「も」に着目しましょう。「昼中も」ということは、朝や夜も鳴いていたということでしょう。そうすると、②「犬猫」が一日中鳴いているということはないでしょう。犬や猫は鳴く必要があるときには鳴くかもしれないけれど、ずっと鳴き続けることはありませんね。

さらに空欄Aの直前に「茅葺屋根の家が残っていて」とあるから、家の中か家の周辺にいるものですね。そうなると、④「蛙」は田んぼにいるし、⑤「烏《からす》」が一日中同じ家の近くで鳴くこともないでしょう。ということは、残った③「鶏」が正解です。

おそらく、皆さんは鶏が家の周りでずっと鳴いているということが、ぴんとこないかもしれませんね。しかし、時代が違うのです。昭和七年から二十年ほど前なので、大正の初めぐらいのことですね。その頃は大抵の家で鶏を飼っていました。鶏を放し飼いにして卵を食べて、ときには殺して肉を食べる。貴重なタンパク源だったんです。鶏は、コッコ、コッコと、ずっと鳴き続けています。

ここで永井荷風は何が言いたいかというと、彼は家の二階、おそらく書斎にいるわけですが、鶏が鳴く声は小さな音なのに、彼の家にまで鳴き声が絶えず聞こえてくるわけで、それくらい辺りは静かだったということです。これだけ静かなのだから、当然、鐘の音も聞こえていたはずです。しかし、**鐘の音を聞いて物思いにふけっていたという記憶はないと言っている。ところが、今は、昔には覚えたことのない響きが聞こえる。それが忍辱と諦悟のささやきだったということです。**

自分が命がけで書いてきた文学作品、これをもう書くことができない。また、戦争に反対だと声を上げることもできない。ただ二階の書斎でじっとして、物思いにふけるしかない。つまり、これは荷風なりの反戦、反骨の文章だと考えることができるのです。

●●● 場面と状況をしっかり読み取る ●●●

> 鐘は昼夜を問わず、時の来るごとに撞きだされるのは言うまでもない。然し車の響、風の音、人の声、ラジオ、飛行機、蓄音器、さまざまの物音に遮られて、滅多にわたくしの耳には達しない。
>
> 3 わたくしの家は崖の上に立っている。裏窓から西北の方に山王と氷川の森が見えるので、冬の中西北の富士おろしが吹きつづくと、崖の竹藪《たけやぶ》や庭の樹が物すごく騒ぎ立てる。窓の戸のみならず家屋を揺り動すこともある。季節と共に風の向《むき》も変って、春から夏になると、鄰《となり》近処の家の戸や窓があけ放されるので、東南から吹いて来る風につれ、四方に湧起《おこ》る［B］の響は、朝早くから夜も初更に至る頃まで、わたくしの家を包囲する。これがために鐘の声は一時《ひとしきり》全く忘れられてしまったようになるが、する中《うち》に、また突然何かの拍子にわたくしを驚《おどろか》すのである。

次にいきましょう。18行目「鐘は昼夜を問わず、時の来るごとに撞きだされるのは言うまでもない」とあります。しかし、実際には私の耳に鐘の音が聞こえることは滅多にありません。では、どんな音が聞こえてくるのかというと、「車の響、風の音、人の声、ラジオ、飛行機、蓄音器、さまざまの物音に遮られて、滅多にわたくしの耳には達しない」。

そして、永井荷風はどんなところに住んでいるのかというと、「わたくしの家は崖の上に立っている」とあります。荷風の住んでいる家は崖の上に建っていて、さらに書斎は二階です。崖の上なので、その麓の周囲から、風に乗っていろんな音が湧き起こってくる。窓を開けているから、この物音のせいで鐘の音はめったに聞こえてこないということですね。

問四 **傍線部3「わたくしの家は崖の上に立っている」とあるが、そのことによって、何を効果的に叙述しているか。文中の三字以内の言葉を用いて答えよ。**

さて、傍線部3の問四は、やや簡単な問題です。崖の上に立っている、そのことによって何を効果的に叙述しているかというと、これは当然「鐘の音」もしくは「鐘の声」です。どちらでも正解です。崖の上に立っているから、四方からいろんな音が湧き起こってきて、その結果、鐘の音が聞こえてこないと言っているわけです。この「崖の上」という状況が、鐘の音を表すのに非常に効果があるということです。

時代背景を想像して読む

問五　空欄Bに入るものとして最もふさわしい三字の語を、文中から抜き出せ。

次にいきましょう。空欄Bの問五が、また少し変わった問題ですね。「［B］の響は、～わたくしの家を包囲する」とあります。荷風の崖の上の家に、四方から湧き起こってくる響きは、一体何なのか。設問に三字でとあるので、本文中から三字で音に関する言葉を探しましょう。

該当しそうなのが、18行目にある「車の響」、「風の音」、「人の声」、「ラジオ」、「飛行機」、「蓄音機」ですね。蓄音機は知らない人が多いと思いますが、レコードプレーヤーのことです。

では、これらの言葉を検証していきましょう。その前に注意点を一つ。空欄Bの少し前に「鄰近処の家の戸や窓があけ放されるので」とある。どうして近所の家は戸や窓を開け放つのでしょうね。この文章もそうですが、入試に出題される随筆は明治から戦前にかけての文学者の文章であることが多い。すると、**今の時代の感覚ではなく、その当時のことを想像して読まないと理解できません**。この時代はエアコンがありません。当然、暑いからみんな窓を開けっ放しにして過ごしています。荷風の麓にある家も、家中の窓を開けっ放しにしている。だから、そこから音が湧き起こってくるわけですね。「鄰近処の家の戸や窓があけ放されるので」の「ので」は原因・理由を示す接続助詞で、音が響いてくる原因を示しています。

具体的な状況を考えて選択肢を絞り込む

さて、このように考えれば、これは家の中から出る音だということがわかります。すると、「車の響」、「飛行機」ではない。さらに空欄Bの直後には「朝早くから夜も初更に至る頃まで」とあります。「初更」とは、今の午後七時から九時までのこと。つまり朝早くから夜になるまで、一日中湧き起こってくるということです。「蓄音機」はレコードをずっと朝から夜まで鳴らし続けることはないから、×。空欄Bの直前に「東南から吹いて来る風につれ、四方に湧起る」とあるから、風の音ではおかしいですね。風に乗って湧き起こってくる音が、風の音であるはずがない。そこで、「人の声」と「ラジオ」の二つにまで絞り込むことができます。

実は「人の声」も家の中からの声なので、間違いとはいえません。そういった意味では、悪問に近いといえます。ただ、この当時、まだテレビがありませんから、ラジオは人々にとって、大事な娯楽の一つでした。ラジオに耳をそばだてて聞いたのですね。そのラジオの音が風にのって流れてくると、おそらく、荷風は聞き耳を立てたのでしょう。ラジオの音が気になって、鐘の音が耳に入らない。人の声でしたら聞き慣れた音なので、気にすることもありません。空気のような存在に近いといえますね。また、「B の響は、～わたくしの家を包囲する」という表現も、「ラジオ」の方がより適切だといえる根拠になります。「人の声」なら、身近な音ですから、「包囲する」という表現は考えにくいですよね。ということで、正解は「ラジオ」ですが、「人の声」を選んだ人も心配することはありませんからね。

季節の変化とその時々の心情を読み取る

この年月の経験で、鐘の声が最もわたくしを喜ばすのは、二三日荒れに荒れた木枯しが、短い冬の日のあわただしく暮れると共に、C 吹きやんで、寒い夜が一層寒く、一層静になったように思われる時、つけたばかりの燈火《ともしび》の下に、独り夕餉《ゆうげ》の箸を取上げる途端、コーンと D 最初の一撞きが耳元にきこえてくる時である。驚いて箸を持ったまま、思わず音のする彼方《かなた》を見返ると、底びかりのする神秘な夜の空に、宵の明星のかげが、たった一ツさびし気に浮いているのが見える。枯れた樹の梢《こずえ》に三日月のかかっているのを見ることもある。

E 日の長くなることが、稍《やや》際立って知られる暮れがた。昼は既に尽きながら、まだ夜にはなりきらない頃、読むことにも書くことにも倦《う》み果てて、これから燈火《あかり》のつく夜になっても、何をしようという目当も楽しみもないというような時、F 耳にする鐘の音は、机に頬杖をつく肱《ひじ》のしびれにさえ心付かぬほど、埒《らち》もないむかしの思出に人をいざなうことがある。死んだ友達の遺著など、あわてて取出し、夜のふけ渡るまで読み耽けるのも、こんな時である。

若葉の茂りに庭のみならず、家の窓もまた薄暗く、殊に糠《ぬか》雨の雫が葉末から音もなく滴る昼過ぎ。いつもより一層遠く柔に聞えて来る鐘の声は、鈴木春信の古き版画の色と線とから感じられるような、疲労と倦怠《けんたい》とを思わせるが、此《これ》に反して秋も末近く、一宵《ひとよさ》ごとに其力を増すような西風に、とぎれて聞える鐘の声は屈原が楚辞《そじ》にもたとえたい。

昭和七年の夏よりこの方、世のありさまの変るにつれて、鐘の声も亦《また》わたくしには明治の世にはおぼえた事のない響を伝えるようになった。それは忍辱《にんにく》と諦悟《ていご》の道を説く静なささやきである。

西行も、芭蕉《ばしょう》も、ピエールロチも、ラフカディオハアンも、各《おのおの》其生涯の或《ある》時代に於《お》いて、この響、この声、この囁《ささや》きに、深く心を澄まし耳を傾けた。然し歴史は未曾《いまだかつ》て、如何なる人の伝記に就いても、殷々《いんいん》たる鐘の声が奮闘勇躍の気勢を揚げさせたことを説いていない。時勢の変転して行く不可解の力は、天変地妖の力にも優《まさ》っている。仏教の形式と、仏僧の生活とは既に変じて、芭蕉やハアン等《ら》が仏寺の鐘を聴いた時の如《ごと》くではない。僧が夜半に起きて鐘をつく習慣さえ、いつまで昔のままにつづくものであろう。

たまたま鐘の声を耳にする時、わたくしは何の理由もなく、むかしの人々と同じような心持で、鐘の声を聴く最後の一人ではないかというような心細い気がしてならない……。

では、次です。28行目からは、時々に荷風がどのような鐘の音を聞いたのかということが書かれていて、これを問七で聞いています。季節ごとにどのように鐘の音を聞いたのか。ここは文学者ならではの文学的表現が多くなっていますよ。さらに問六も同時にやってしまいましょう。この空欄Cから空欄Fは副詞の問題です。副詞とはおもに用言を修飾する語ですから、用言との関係で決定します。

問六　**空欄C～Fに入るものとして最もふさわしい言葉を、次の①～④の中から一つずつ選べ（重複不可）。**

①　ふと　②　やがて　③　はっきり　④　ぱったり

問七　この文章では、鐘の音が季節ごとにどのように聞こえると書かれているか。「春」「夏」「秋」「冬」のそれぞれに、最もふさわしいものを次の①～⑤の中から選べ。

① 静かな追憶にさそう響き　② 悲壮感にみちた響き
③ 物憂い柔らかな響き　④ 殷々《いんいん》たる勇壮な響き
⑤ 深く澄みきった響き

28行目、「鐘の声が最もわたくしを喜ばすのは、二三日荒れに荒れた木枯しが、短い冬の日のあわただしく暮れると共に、[C]吹きやんで」とあるので、ここは冬です。冬には鐘の響きがどのように聞こえるのか、考えましょう。空欄Cですが、木枯らしはゴーゴーと吹き荒れますね。ところが、突然、止まってシーンとなる。またしばらくすると吹き荒れる。いきなり吹きやむわけだから、ここは④「ぱったり」吹きやんで、となります。

さて、木枯らしがぱったりと吹きやんだ一瞬、音はどうなるでしょうか。静かですよね。なぜ静かなのか、わかりますか？　夏は窓を開けっ放しにしているから、麓の家の窓から音が湧き起こりました。しかし、木枯らしが吹いているときには、みんな窓を閉めているはずです。荷風の家でも窓を閉めているから、**木枯らしがぱたっと吹きやんだら、しんとした静けさが訪れます。**そのときに、行目「独り夕餉の箸を取上げる途端、コーンと［D］最初の一撞きが耳元にきこえてくる」のです。**しんとしている中、鐘の音がどう聞こえるかというと、はっきりと聞こえてくるでしょう**。となれば、空欄Dは③の「はっきり」です。

さて、そのときの鐘の音はどんな音か。静かな中にはっきり、コーンと聞こえてくるということなので、問七の冬の鐘の音は、⑤の「深く澄みきった響き」になりますよね。問七の解答欄は、上から、春、夏、秋、冬となっているから記入する場所を間違えないようにしてください。冬の答えが⑤です。

●●● 本文から根拠となる言葉を探して答える ●●●

さて、次は空欄E、直後に「日の長くなること」とあります。さっきは冬でしたが、春に向けて日が長くなってきます。ということで、ここは②の「やがて」。「やがて日が長くなる」んですね。では、春になると鐘の音はどのように聞こえてくるのか。「［F］耳にする鐘の音は」とある。これは①の「ふと」ですね。「ふと耳にする」です。何もすることがないときに、ふと聞こえてくるんですね。

そして、この鐘の音は「埒もないむかしの思出に人をいざなうことがある」とある。ということは、むかしの思い出にいざなうのだから、春の鐘の音は①「静かな追憶にさそう響き」だということがわかります。

冬、春と来たので、次は夏です。41行目「若葉の茂り」とありますから夏のことですよ。それでは、夏はどんな響きなのか。43行目「疲労と倦怠とを思わせる」とあります。つまり、夏は疲労と倦怠だから、答えは③の「物憂い柔らかな響き」です。このように読むと、**すべて本文に答えとなる言葉があって、選択肢はその言い換えになっているとわかります。**

夏の次は秋です。秋については、こう書いてある。「此に反して秋も末近く、一宵ごとに其力を増すような西風に、とぎれて聞える鐘の声は屈原が楚辞にもたとえたい」。これを読むと、屈原の『楚辞』を知らなければ、どんな響きかわからないと思ってしまいますよね。しかし、こういうときも慌てることはありません。残っているのは②「悲壮感にみちた響き」と、④「殷々たる勇壮な響き」です。

では、どちらなのか。

●●● 難しい選択肢は消去法で選ぶ ●●●

昭和七年、荷風はやることもなく、二階の書斎でただ鐘の音を聞いて物思いにふけっていました。鐘の音は、冬、春、夏と、いろんな音になって耳に入ってきたんですよね。その鐘の音が、いつの間にか「忍辱と諦悟の道を説く静なささやき」になったと言っています。そして「西行も、芭蕉も、ピエールロチも、ラフカディオハアンも、各其生涯の或時代に於いて、この響、この声、この囁きに、深く心を澄まし耳を傾けた」というように、自分と過去の時代に生きた文人たちの生涯とを重ねています。**自分は生涯の一時期にこの鐘の音を聞いた。彼らも生涯の一時期にこういった響きを聞いただろう、と言っているのです。**これがどういうことだか、わかりますか？　荷風が生きていた時を含め、昔は絶えず戦争がありました。ですから、その絶望の中で、彼らもこの鐘の音を聞いたに違いないと考えたのでしょうね。

そして次です。「然し歴史は未曾て、**如何なる人の伝記に就いても、殷々たる鐘の声が奮闘勇躍の気勢を揚げさせたことを説いていない**」とある。この「奮闘勇躍の気勢」は皮肉ですよ。昭和七年当時、軍国主義に傾く日本の町には軍歌が流れています。ラジオからも軍歌が流れてきて、そして軍人たちの靴音が聞こえる。「奮闘勇躍」ですね。でも、**鐘の音はいまだかつてそんな響きなど一度も立てたことはないと荷風は言いたいんです。**

ということで、問七の秋は、④「殷々たる勇壮な響き」ってことはあり得ない。鐘の音は一度たりとも勇壮な響きではなかったので、②の「悲壮感にみちた響き」が答えとわかります。

読解のルール

作者の心情は情景描写に投影される。

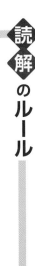

問八 この文章について、次のような鑑賞文がある。空欄a～dにふさわしい語を後の①～⑥の中から選べ（重複不可）。

《作者にとって鐘の音は、明治という「むかし」から昭和という「今」への［a］の変転を象徴的に告げるものである。また一年のなかでは［b］の移りかわりを表し、さらに一日のなかの［c］の流れをも刻んでいる。だからこそ、古来の文人・作家の［d］をも刻むことができたのであるが、そのような鐘の声もやがては失われようとしており、そのことを作者はさびしく感じている。》

① 流行　② 時勢　③ 時間　④ 季節　⑤ 生活　⑥ 生涯

さて、最後の問八ですが、これはわかりますよね。作者にとって鐘の音は、明治という「むかし」から昭和という「今」にかけて聞いた音です。これは時代の移りかわりなので、空欄aは②の「時勢」です。また、一年の中ではと考えると、冬、春、夏、秋と、それぞれの季節にどのように鐘の音が聞こえたかを書いてあるので、空欄bは④の「季節」。さらに一日の中では、朝から晩まで鐘の音が聞こえたわけだから、空欄cは③の「時間」の流れです。そして、文人・作家と自分を重ねていると考えれば、空欄dは⑥の「生涯」が答えとなります。

解答

問一　④（5点）
問二　③（5点）
問三　忍辱と～さやき（6点）
問四　鐘の音（鐘の声）（5点）
問五　ラジオ（5点）
問六　C ④　D ③　E ②　F ①（各2点）
問七　春 ①　夏 ③　秋 ②　冬 ⑤（各2点）
問八　a ②　b ④　c ③　d ⑥（各2点）

共通テスト　評論問題の解法

共通テストの評論問題の解き方について解説しておきましょう。まだそれほど過去問がないので、どのような対策が必要か迷うかもしれません。しかし、実はセンター試験と少し見せ方を変えているだけで、内容はほとんど変わっていません。ですから、センター試験の過去問を練習すれば十分に対応が可能です。評論と小説とが出題されますが、センター試験の問題は概ね良問ですし、早稲田や上智、同志社などの試験傾向ともよく似ています。また、選択肢を見ないで問題を解いてみると、そのまま東大、京大をはじめとする国公立の記述式問題対策にもなります。そういった意味では、センター試験の問題をしっかりと練習しておけば、あらゆる試験に対応できると考えてもよいでしょう。

問題をいつ解くか

まず、実際に問題文を読む前に設問をざっと読んで、どのような問題が出ているのかを確かめておきましょう。その上で問題文を読むことで解きやすくなることがあります。これは評論、小説を問わず、すべての試験に共通することです。

では、実際にはどんな問題が出されるのか。まず問一に漢字があります。そして問二、問三、問四あたりには、「傍線部を説明せよ」「傍線部の理由を説明せよ」というような問題が続きます。これは、第一段落の要点を捉えられたか、第二段落、第三段落の要点はどうか、そして最後は全体がわかったかどうかを問うものです。

ということは、問一の漢字はともかくとして、問二から問四をどのように解くかがポイントになります。文章全部を読んでから解こうと思うと、文章が長いので余分な情報が頭に入ってしまい、頭の中がごちゃごちゃします。**それよりは、問二なら問二の傍線部を含む段落まで読んだら、そこで解いてみた方がいい。そこが理解できたかどうかを試している問題がほとんどですから。**もちろん、その段階で解けないならば無理することなく保留にします。解けるところまで読んだら、そこで解いてしまいましょう。最後まで読まないと解けない問題は最後に解けばいいんです。こういう方法でいくと、非常に効率よく問題を解くことができます。

選択肢の選び方

もう一つ大事なことがあります。共通テストはすべて選択肢の問題ですよね。この選択肢問題にどのように取り組めばよいのかというと、出題者の立場に立って考えればよくわかるんです。

皆さんは**ア〜オ**の五つの中から答えを一つ選ぶのですが、出題者はその逆です。問題は必ず本文に書いてあることを問うわけですから、まずは本文に書いてあることをそのまま正解の選択肢として作成します。しかし本文の言葉をそのまま抜き出して正しい選択肢を作ってしまうと、すぐに正解がわかってしまいます。センター試験や共通テストは、大体平均点が六割前後となるように作られるので、簡単すぎると平均点が高くなってしまいますね。そこで、**正しい選択肢は本文の表現を変えて作成されるんです。**表現を変えられたら途端にわからなくなるという受験生もいますが、内容を理解していれば、たとえ表現を変えられても大丈夫なはずです。ただし、このときに多少の評論用語を知らないと、評論用語を使って言い換えられたときに正解が見抜けないこともあるので、ある程度の語彙力をつけておくことが必要です。

さて、出題者は正解を作ったら、あと四つ、不正解の選択肢を作らなければなりません。しかし、受験生を見事にひっかけるような選択肢がそんなにたくさんできるとは限りません。ですから、**間違いの選択肢のパターンはある程度決まっているのです。**まず、一読して明らかな間違いというのが、大抵一つか二つは入っています。**いちばん多いパターンが、一見正しいように思える文だけど、本文には書いていないものです。**あくまで本文にどう書いてあるかを聞いているので、本文に書いていないことは無条件で×です。本書の解説では、このような選択肢を「本文と無関係」あるいは「本文に書いていないから×」としています。こういった選択肢は結構多いです。

選択肢に強い意味の言葉があれば要注意

次に、もう少し難しい不正解の選択肢の場合です。これはそんなに頻度が高くはありませんが、本文の内容と一致する文に、一つだけ**例外を許さない強い言葉**を入れた選択肢を作ることがあります。例えば、「唯一」や「のみ」「絶対」などの言葉ですね。このような言葉があれば全部間違いというわけではありませんよ。もしも本文に「唯一」と書いてあって、選択肢にも「唯一」と書いてあれば、それは正しい答えになる。しかし、本文に「唯一」とは書いていないのに、選択肢に「唯一」とあったら、そこをチェックしましょう。**このような強い言葉を、出題者が何となく使うことはありません。**本文に書いてない言葉をわざわざ入れるということは、意図的なんです。これを私は「**言いすぎ**」と言っています。「唯一」とか「絶対」っていう言葉を見逃すと、それ以外は合っているから、うっかり正解だと思って選んでしまうんですね。このような選択肢は要注意なので、しっかり本文と比べるようにしてください。

該当しそうな選択肢が二つあったら

そしていちばん大事なのがここからなんです。これまでに説明したやり方で選択肢を絞り込んでも、なお**該当しそうな選択肢が二つ残ることがあります。**極端に言うと、正解の選択肢が二つある場合です。もしも現代文以外の教科で、「正しいものを一つ選べ」とあって、正しいものが二つあったとしたら、これは出題ミスですよね。ところが現代文は、「正しいものを選べ」ではなく、「最も適当なものを一つ選べ」であることが多い。日本語って難しいですよね。「正しいもの」と「最も適当なもの」とでは、まるで意味が違ってきます。つまり、**現代文の問題では選択肢に適当なものが二つあっても出題ミスではないんです。二つを比べて、より適当なものを選びなさいっていうのが現代文の問題なんですね。**このような選択肢から一つ選ぶことを、私は「**相対的判断**」と言っています。

さて、間違いとはいえない二つの選択肢を比べるときに厄介なのが言い換えです。先ほど言ったように、出題者は本文に書いてあることを、表現を変えて選択肢を作ります。しかし、表現を変えると多少意味がずれてきます。でも、皆さんがこのような選択肢を見て、**この言葉はちょっと適当ではないのではないか？と思ったとしても、何を基準に○になるのか、×になるのかが、わかりませんよね。**こういった選択肢が、ときには悪問と呼んでもよさそうな問題として出題されます。とくに早稲田大学などのレベルの高い受験生が集まる入試では、ぎりぎりのところで判断させようとして、悪問に近い問題ができてしまうことがあります。

では、どうすればいいのか。こういうときは、**選択肢同士を比べて、より適当なものを選びます。だから、一方が○で、もう一方が◎ならば、相対的に◎の方がより適当**であると判断します。あるいは、どちらの選択肢も○とはいえないこともあります。この場合、一方が言いすぎなどの理由で△であっても、もう一方が×ならば、相対的に△が正解となります。これが現代文の選択肢の選び方で、これができるようになると、かなり難しい問題でも正解することができます。

ということで、共通テストの対策をまとめておきましょう。

・問題文を最後まで読んでから解くのではなく、意味段落ごとに設問を検討して解けるものは解き、解けないものは保留する。
・選択肢は本文に書いていないもの、「言いすぎ」のものを間違いと判断する消去法で選ぶ。
・選択肢を絞っても二つ残る場合は、選択肢同士を比べてどちらがより適当か相対的判断をする。

こういうことを頭に置いてください。では実際に評論の問題を解いていきましょう。

第3講

共通テスト評論問題

『江戸の妖怪革命』

香川雅信

●目標得点 30点

問題 ▶ P.18

本講のねらい

共通テストの評論問題の傾向と対策。今回の問題文は哲学的文章でかなり難解に感じたかもしれません。そういった文章の読み方、さらには選択肢の吟味の仕方などを学びます。

設問を手がかりに本文を読む

では共通テストの評論問題を解いていきましょう。今回の問題ですが、問二、問三が少し難しく感じられたかもしれません。しかし、他は基本的な問題だといっていいと思います。問五は初めて見る出題形式で、生徒のノートを完成させるという問題です。でも、実際にやってみると、なんてことはない。要点をしっかり捉えられたかどうかの問題で、見かけが変わっているだけです。しかも、逆にこれがヒントになっています。【ノート1】を見ると、この文章が大きく三つの意味段落に分けられることがわかります。「問題設定の段落」と「方法論の段落」と「日本の妖怪観の変容の段落」ですね。さらに11段落以降、日本の妖怪観の変容について、どの段落にどの時代のことが書かれているかを示してくれています。この【ノート1】は出題者の意図に沿って文章を整理してあるので、これに従って読めば理解しやすくなります。哲学的な文章なので少し言葉が難しく、意味をつかみにくいかもしれませんが、しっかりとこの【ノート1】に従って要点を捉えていけば、決して難しくはありません。

では、やっていきます。本文を読む前に、漢字の問題を解いておきましょう。

漢字の問題は単漢字の意味を考える

問一 **傍線部ア～オに相当する漢字を含むものを、次の各群の①～④のうちから、それぞれ一つずつ選べ。**

ア ミンゾク
① 楽団にショゾクする
② カイゾク版を根絶する
③ 公序リョウゾクに反する
④ 事業をケイゾクする

イ　カンキ

①証人としてショウカンされる
②優勝旗をヘンカンする
③勝利のエイカンに輝く
④意見をコウカンする

ウ　エンヨウ

①鉄道のエンセンに住む
②キュウエン活動を行う
③雨で試合がジュンエンする
④エンジュクした技を披露する

エ　ヘダてる

①敵をイカクする
②施設のカクジュウをはかる
③外界とカクゼツする
④海底のチカクが変動する

オ　トウエイ
①　意気トウゴウする
②　トウチ法を用いる
③　電気ケイトウが故障する
④　強敵を相手にフントウする

問一の漢字ですが、それほど難しくないと思います。もし漢字をうっかり忘れてしまって思いつかないときは、単漢字の意味を考えて推測してください。例えば、アの「ミンゾク」、「ミン」は「民」ですね。民衆の民。「ゾク」は「俗」です。俗っぽいとか、風俗の俗です。だから民間の風俗、あるいは民間の伝承、これが「民俗」ですね。イの「カンキ」は呼び起こすということです。だから「喚起」の喚の偏は「口」ですね。このように意味を考えて解いていきましょう。ウは「エンヨウ」。「エン」は応援の「援」、「ヨウ」は「用」です。他人の文献を用いることを「引用」といいますね。このように考えることで「援用」という漢字もわかります。エ「ヘダてる」。「へだてる」の言葉の意味から考えて、③「外界とカクゼツする」が、「外界とへだてる」ということだから、これが正解だと考えられます。オ「トウエイ」は、何かの影を平面に映すこと。「投影」ですね。直接的な「投げる」動作ではありませんが、「投影」だと想像できると思います。このように、もしわからなくても単漢字の意味からどの言葉が近いかと推測すると、かなり正答率を上げることができます。

問題提起があれば、先の展開を予測する

この文章は、香川雅信『江戸の妖怪革命』の序章の一部である。本文中でいう「本書」とはこの著作を指し、「近世」とは江戸時代にあたる。これを読んで、後の問いに答えよ。

1 フィクションとしての妖怪、とりわけ娯楽の対象としての妖怪は、いかなる歴史的背景のもとで生まれてきたのか。

第1段落を見ていきましょう。「フィクションとしての妖怪」。この言葉はチェックしましょう。フィクションはわかりますね。**虚構や作り話**という意味です。ですから、小説はフィクションです。ノンフィクションは事実に立脚した文章のことだから、ルポルタージュなどですね。次、「とりわけ娯楽の対象としての妖怪は、いかなる歴史的背景のもとで生まれてきたのか」。線を引きましょう。「いかなる歴史的背景のもとで生まれてきたのか」と問題提起しています。筆者が言いたいのは、フィク

ションとしての妖怪、娯楽の対象としての妖怪は、どのような歴史的背景のもとに生まれてきたのか、ということです。その答えを探しながら読んでいくわけですが、歴史的な背景ですから、この時代はこういうことで、次の時代はこんなことだ、という説明がこの後にくると予測できます。

●●●フィクションとしての妖怪とは●●●

2 確かに、鬼や天狗《てんぐ》など、古典的な妖怪を題材にした絵画や芸能は古くから存在した。しかし、妖怪が明らかにフィクションの世界に属する存在としてとらえられ、そのことによってかえっておびただしい数の妖怪画や妖怪を題材とした文学作品、大衆芸能が創作されていくのは、近世も中期に入ってからのことなのである。つまり、フィクションとしての妖怪という領域自体が歴史性を帯びたものなのである。

第2段落「鬼や天狗など、古典的な妖怪を題材にした絵画や芸能は古くから存在した」。しかし、妖怪画や妖怪を題材とした文芸作品や大衆芸能が生まれたのは、近世も中期に入ってからなんですね。近世、つまり、江戸時代です。江戸時代にはいろんな妖怪が絵になったり、物語になったりした。フィクションとしての妖怪は江戸の中期になって現れたということです。

そもそもの妖怪とは

[3] 妖怪はそもそも、日常的理解を超えた不可思議な現象に意味を与えようとするミンゾク《ア》的な心意から生まれたものであった。人間はつねに、経験に裏打ちされた日常的な原因―結果の了解に基づいて目の前に生起する現象を認識し、未来を予見し、さまざまな行動を決定している。ところが時たま、そうした日常的な因果了解では説明のつかない現象に遭遇する。それは通常の認識や予見を無効化するため、人間の心に不安と恐怖をカンキ《イ》する。このような言わば意味論的な危機に対して、それをなんとか意味の体系のなかに回収するために生み出された文化的装置が「妖怪」だった。それは人間が秩序ある意味世界のなかで生きていくうえでの必要性から生み出されたものであり、それゆえに切実なリアリティをともなっていた。民間伝承《A》としての妖怪とは、そうした存在だったのである。

第[3]段落にいきましょう。冒頭に「妖怪はそもそも」とあります。「そもそも」とあるから、妖怪の根本的な定義が示されます。江戸中期より昔の、もともとの妖怪とはどんなものか。次に線を引きましょう。「日常的理解を超えた不可思議な現象に意味を与えようとするミンゾク的な心意から生まれたもの」とあります。これはどういうことか。先を読んで考えますよ。

「人間はつねに、経験に裏打ちされた日常的な原因―結果の了解に基づいて目の前に生起する現象を認識し、未来を予見し、さまざまな行動を決定している」。そうですよね。**人間は、目の前の現象を見て未来を予想して、そこから行動を決めていますね**。例えば、雨雲が出てきたから雨が降るだろうな。では傘を持っていこう、と。このように私たちは日常的なものごとを理解しようとしています。

ところが、まれに、こうした日常的な原因―結果の了解では説明がつかない現象に遭遇することがあります。では、**私たちの経験では説明できない現象が起きたときに人はどうなるのか**。「通常の認識や予見を無効化するため、人間の心に不安と恐怖をカンキする」。こう書いていますね。これまでの認識や予見が通用しないとなると、人間は不安になり、恐怖を感じるんですね。さて、次です。13行目「このような言わば意味論的な危機に対して」。この表現が少し難しいですね。意味論とは、ここでは、あらゆることに意味があるということ。先ほどの例でいえば、雨雲が出たら、それは雨が降ることを意味しているということです。ですから意味論的な危機とは、普通には説明できないような現象です。

このような、意味をもって説明がつかない不可思議な現象があったとき、何とか意味の体系の中に回収するための、つまり、何とか意味づけをして理解しようとするための、その文化的装置が妖怪だったっていうことなんですね。

もともとの妖怪とは、そういうものだったんです。例えば、海坊主。夜の海に突然海面が盛り上がり、黒い坊主頭の巨人が現れて、船が転覆したり壊されたりします。これはそれまで穏やかだった海で、あるいは障害物などあるはずのないところで、船の事故が起きたとき、説明できないから海坊主のせいだとしたんですね。昔は科学が発達していなかったので、日常の不可思議な現象に関して意味的に説明がつかないことが多かった。そこで、**妖怪を持ち出すことによって、意味の世界に回収しようとしたということです**。つまり、「妖怪」は「人間が秩序ある意味世界のなかで生きていくうえでの必要性から生み出されたもの」なんです。人間は何事に対しても意味をつけないと納得できないということですね。意味が通らない、わからないものは妖怪のせいだということで、われわれは意味的に納得しようとしたわけです。それゆえ、「切実なリアリティ」をもっていたんですよね。「リアリティ」をチェックしておきましょう。これが傍線部Aの「民間伝承としての妖怪」の存在ですね。

ということは、この**「民間伝承としての妖怪」と第①段落の「フィクションとしての妖怪」とは対立関係**であることを押さえてほしいと思います。もともとの妖怪っていうのは、日常に現れる不可思議なもの、つまり、因果了解で理解できないような現象に対して、妖怪という装置を使うことによって意味的に納得するためにあった。だからリアリティのあるものだった。これが民間伝承の妖怪です。これに対して、江戸時代中期に現れたフィクション、作り話としての妖怪は娯楽の対象としての妖怪ですね。

さて、ここまでが問五(i)の【ノート1】にある第②、第③段落です。

妖怪に対する認識の変容とは

4 妖怪が意味論的な危機から生み出されるものであるかぎり、そしてそれゆえにリアリティを帯びた存在であるかぎり、それをフィクションとして楽しもうという感性は生まれえない。フィクションとしての妖怪という領域が成立するには、妖怪に対する認識が根本的に変容することが必要なのである。

5 妖怪に対する認識がどのように変容したのか。そしてそれは、いかなる歴史的背景から生じたのか。本書ではそのような問いに対する答えを、妖怪手品、妖怪図鑑、妖怪玩具、からくり的《まと》といった「妖怪娯楽」の具体的な事例を通して探っていこうと思う。

では、次に、第4、第5段落に何が書かれているのかを見ていきましょう。

第4段落「妖怪が意味論的な危機から生み出されるものであるかぎり、そしてそれゆえにリアリティを帯びた存在であるかぎり、それをフィクションとして楽しもうという感性は生まれえない」。これは民間伝承としての妖怪ですね。この妖怪はリアリティを帯びた存在ですから、いってみれば昔の人は真剣だったんです。船の事故の例でいえば、本当に海坊主がいると思っていた。だから、船が転覆するんだと考えたわけですね。近世のようにフィクションとして楽しもうというものではなかった。

「フィクションとしての妖怪という領域が成立するには、妖怪に対する認識が根本的に変容することが必要なのである」。そうですよね。不可思議な現象に対して説明する装置が妖怪です。そうである限りは、娯楽にはなりませんよね。ということは、妖怪に対する認識が根本的に変わらないとダメです。そうしないと、第1段落にあるようなフィクションとしての娯楽としての妖怪にはなりません。

では、第5段落です。「妖怪に対する認識がどのように変容したのか」。線を引いておきましょう。次も線を引きますよ。「いかなる歴史的背景から生じたのか。本書ではそのような問いに対する答えを、妖怪手品、妖怪図鑑、妖怪玩具、からくり的といった『妖怪娯楽』の具体的な事例を通して探っていこう」。ということは、第5段落は、妖怪に対する認識がどう変容したのか、いかなる歴史的背景から生まれたのかという問いを立てています。

これで、問五(i)の【ノート1】にある第4、第5段落まで読みました。そこで、問五の(i)を先にやってしまいましょう。

問五 **この文章を授業で読んだNさんは、内容をよく理解するために【ノート1】〜【ノート3】を作成した。本文の内容とNさんの学習の過程を踏まえて、(i)〜(iii)の問いに答えよ。**

(i) Nさんは、本文の 1 〜 18 を【ノート1】のように見出しをつけて整理した。空欄 Ⅰ ・ Ⅱ に入る語句の組み合わせとして最も適当なものを、後の①〜④のうちから

一つ選べ。

【ノート1】

●問題設定（1～5）
2～3　Ⅰ
4～5　Ⅱ

●方法論（6～9）
7～9　アルケオロジーの説明

●日本の妖怪観の変容（10～18）
11　中世の妖怪
12～14　近世の妖怪
15～17　近代の妖怪

①　Ⅰ　妖怪はいかなる歴史的背景のもとで娯楽の対象になったのかという問い
　　Ⅱ　意味論的な危機から生み出される妖怪

②　Ⅰ　妖怪はいかなる歴史的背景のもとで娯楽の対象になったのかという問い

Ⅱ　妖怪娯楽の具体的事例の紹介
③　Ⅰ　娯楽の対象となった妖怪の説明
Ⅱ　いかなる歴史的背景のもとで、どのように妖怪認識が変容したのかという問い
④　Ⅰ　妖怪に対する認識の歴史性
Ⅱ　いかなる歴史的背景のもとで、どのように妖怪認識が変容したのかという問い

【ノート1】を見ると、さっき読んだ第2、第3段落をまとめた見出しが空欄Ⅰになっています。これを考えればいいですね。第2段落には、フィクションとしての妖怪というのは近世の中期に入ってから出てきたもので、**歴史性を帯びたもの**だと書かれていました。そして、第3段落には、そもそもの民間伝承の妖怪にはリアリティがあり、不可思議な現象に対して、それを意味論的に回収しようとする装置であったのだと書いてありましたね。こう考えて、空欄Ⅰに入るものを選びましょう。

まず③の「娯楽の対象となった妖怪の説明」。これは明らかに間違いですね。娯楽の対象となった妖怪の説明ではなく、第2段落は歴史性を帯びていたっていうことでしたよね。だから、歴史という言葉がないとダメです。①、②、④には歴史という言葉がありますから、ここはいったん保留にして、空欄Ⅱを見ましょう。

空欄Ⅱの選択肢を見ていきます。①「意味論的な危機から生み出される妖怪」はおかしいですよね。②「妖怪娯楽の具体的事例」もおかしい。具体的事例は、まだここでは出てきていません。ということは、③と④の「いかなる歴史的背景のもとで、どのように妖怪認識が変容したのかという問い」があてはまります。

すると空欄Ⅱは③と④が正しいので、空欄Ⅰの③と④はどちらが正しいかを見ればよいですね。空欄Ⅰの③「娯楽の対象となった妖怪の説明」は×だったから、④「妖怪に対する認識の歴史性」が正解ですよね。したがって④が正解だとわかります。少し解き方がややこしいですが、このように整理して確実に解いていきましょう。

民間伝承としての妖怪とは

さて、第3段落に問二の傍線部Aがあるので解いてみます。解けなかったら保留にして、後で解きましょう。

問二　**傍線部A「民間伝承としての妖怪」とは、どのような存在か。その説明として最も適当なものを、次の①～⑤のうちから一つ選べ。**

① 人間の理解を超えた不可思議な現象に意味を与え日常世界のなかに導き入れる存在。
② 通常の認識や予見が無効となる現象をフィクションの領域においてとらえなおす存在。
③ 目の前の出来事から予測される未来への不安を意味の体系のなかで認識させる存在。
④ 日常的な因果関係にもとづく意味の体系のリアリティを改めて人間に気づかせる存在。
⑤ 通常の因果関係の理解では説明のできない意味論的な危機を人間の心に生み出す存在。

傍線部A「民間伝承としての妖怪」とはどのような存在か、ですね。傍線部Aの直後に指示語「そうした」があるからチェック。どんな存在かというと「そうした存在」ですね。このように、まず傍線前後の指示語、接続語をチェックするのが鉄則です。ではそうした存在とはどんな存在か。第3段落の要点をまとめればいいですね。第3段落は民間伝承としての妖怪について書いてあったので、江戸中期からのフィクションとしての妖怪、娯楽の対象としての妖怪とは対立関係にあることも頭に置いておきましょう。

民間伝承の妖怪とはどんな存在だったか。人々は日常的な意味では説明がつかない現象に対して、妖怪という文化的装置を用いることによって意味的な世界に回収していました。民間伝承の妖怪はそういった存在でした。

では、選択肢を検討しましょう。まず②ですが「フィクションの領域においてとらえなおす存在」

とあります。**フィクションの領域とは娯楽の対象とした妖怪ですね**。民間伝承の妖怪とは違います。②は×です。

③の「目の前の出来事から予測される未来への不安」。未来への不安を、意味論的に説明をつけるために妖怪が生まれたわけではありません。あくまで日常の現象で意味づけできないような不可思議な出来事に対して、妖怪を持ち出すことで理解しようと思ったわけです。**「未来への不安」が間違っているので**、③も×です。

④の「意味の体系のリアリティを改めて人間に気づかせる存在」。日常のリアリティへと意味づけするための存在が妖怪であって、**意味の体系を気づかせる存在ではありません**。これも×です。

⑤の「通常の因果関係の理解では説明のできない意味論的な危機」はよいのですが、そのあとの「人間の心に生み出す存在」がおかしいですね。**危機を心に生み出すのではなくて、その危機を説明するのが妖怪です**。あくまで意味論的な世界に回収しようとするのが妖怪の存在だから、これも間違いです。

と考えれば、①「人間の理解を超えた不可思議な現象に意味を与え」は合っていますね。「日常世界のなかに導き入れる存在」。これも合っている。日常のなかに回収する装置でした。ということで、①が正解です。

6 妖怪に対する認識の変容を記述し分析するうえで、本書ではフランスの哲学者ミシェル・フーコーの「アルケオロジー」の手法を ウ エンヨウすることにしたい。

7 アルケオロジー（archéologie）とは、通常「考古学」と訳される言葉であるが、フーコーの言うアルケオロジーは、思考や認識を可能にしている知の枠組み――「エピステーメー」（épistémè：ギリシャ語で「知」の意味）の変容として歴史を描き出す試みのことである。人間が事物のあいだにある秩序を認識し、それにしたがって思考する際に、われわれは決して認識に先立って「客観的に」存在する事物の秩序そのものに触れているわけではない。事物のあいだになんらかの関係性をうち立てるある一つの枠組みを通して、はじめて事物の秩序を認識することができるのである。この枠組みがエピステーメーであり、しかもこれは時代とともに変容する。事物に対する認識や思考が、時間を エ ヘダてることで大きく変貌してしまうのだ。

8 フーコーは、十六世紀から近代にいたる西欧の「知」の変容について論じた『言葉と物』という著作において、このエピステーメーの変貌を、「物」「言葉」「記号」そして「人間」の関係性の再編成として描き出している。これらは人間が世界を認識するうえで重要な役割を果たす諸要素であるが、そのあいだにどのような関係性がうち立てられるかによって、「知」のあり方は大きく様変わりする。

9 本書では、このアルケオロジーという方法を踏まえて、日本の妖怪観の変容について記述することにしたい。それは妖怪観の変容を「物」「言葉」「記号」「人間」の布置の再編成として記述する試みである。この方法は、同時代に存在する一見関係のないさまざまな文化事象を、同じ世界認識の平面上にあるものとしてとらえることを可能にする。これによって日本の妖怪観の変容を、大きな文化史的変動のなかで考えることができるだろう。

問五(i)の【ノート1】によると、次の第6段落から第9段落は方法論だと書いてあります。もともとの民間伝承の妖怪は、不可思議な現象を意味論として理解するための文化的装置でした。これは娯楽ではなくて、リアリティのあるものだったんですね。なぜ大雨が降るのか、なぜ地震が起こるのか、昔の人はわからなかった。そこで、妖怪を作ることによって意味づけして、納得しようとしたのです。このような存在であった妖怪が、どうして、娯楽の対象やフィクションとしての妖怪へと変わっていったのか、その歴史を捉えていこうというのが冒頭の問題提起でした。

さて、ではどのような方法で捉えていくのか。これが第6段落から第9段落です。

第6段落でミシェル・フーコーのアルケオロジーの手法、これを援用したいと言っています。アルケオロジーの手法とは何かというと、第7段落に書いてあります。アルケオロジーは考古学と訳される言葉であるが、フーコーの言うアルケオロジーは、**知の枠組み——「エピステーメー」の変容として歴史を描き出す試み**であると。この部分に線を引いておきましょう。さて、これはどういうことかというと、私たちはものを見るとき、フラットに見ていないんです。**ある知の枠組みを通してものを見ている。その枠組みが時代とともに変わっていく**、その変わっていくさまを見ていくことですね。こういう捉え方がフーコーのアルケオロジーです。ちょっと難しいですね。

もう少し先を見ていきますよ。32行目「事物のあいだになんらかの関係性をうち立てるある一つの枠組みを通して、はじめて事物の秩序を認識することができるのである」。ここでもう一度枠組みという言葉が出てきました。私たちは、ある枠組みを通してものを認識しているんだと言っています。

これにやや近い言葉にパラダイムという考え方があります。皆さんも聞いたことがあるかもしれません。パラダイムも一つの知の枠組みですが、これは科学の歴史について語るときに使う言葉です。科学の歴史とは、少しずつ発展するものではなく、パラダイムが変化することによって、がらっと変わるんだということです。例えば、大昔は天動説が一般的でした。あらゆる現象は天動説という枠組みをもとに説明されていた。ところが、あるとき、いきなり地動説に変わりました。すべてが一八〇度変わりますよね。パラダイムが大きく変化したわけです。この先は地動説が正しいという前提であらゆる現象を考えるようになりましたね。また、万有引力や相対性理論といった発見があるたびに、パラダイムが変化することによって科学は発展したという歴史観があります。

アルケオロジーという手法

この文章のテーマは科学ではないので、パラダイムではなくエピステーメーという言葉を用いているのですが、似たようなことだと思ってもらってかまいません。「人間は、ある一定の枠組みの中でしかものを捉えることができない。そして、その枠組みは時間を隔てることで大きく変わる」という歴史の捉え方をするのが、アルケオロジーという手法です。

第9段落にはこう書いてあります。「本書では、このアルケオロジーという方法を踏まえて、日本の妖怪観の変容について記述することにしたい」。妖怪に対する認識がどのように変容したのかを知るための手法が、アルケオロジーということですね。そして、これは「妖怪観の変容を『物』『言葉』『記号』『人間』の布置の再編成として記述する試み」だと言っています。次、線を引きましょう。「この方法は、同時代に存在する一見関係のないさまざまな文化事象を、同じ世界認識の平面上にあるものとしてとらえることを可能にする。これによって日本の妖怪観の変容を、大きな文化史的変動のなかで考えることができるだろう」。

第5段落までは、実際に妖怪観がどう変わっていったのかについて書かれていました。最初は民間伝承としての妖怪。これにはリアリティがありました。そこからフィクション、娯楽の対象としての妖怪になった。そして、第6段落から、このように変わっていくのは、知の枠組み（エピステーメー）が変わったから、妖怪観も変わったのだと捉えていきますよ、ということを説明しているのですね。これがアルケオロジーという手法を使うということです。

10 では、ここで本書の議論を先取りして、B アルケオロジー的方法によって再構成した日本の妖怪観の変容について簡単に述べておこう。

問二 **傍線部B「アルケオロジー的方法」とは、どのような方法か。その説明として最も適当なものを、次の①～⑤のうちから一つ選べ。**

① ある時代の文化事象のあいだにある関係性を理解し、その理解にもとづいて考古学の方法に倣い、その時代の事物の客観的な秩序を復元して描き出す方法。

② 事物のあいだにある秩序を認識し思考することを可能にしている知の枠組みをとらえ、その枠組みが時代とともに変容するさまを記述する方法。

③　さまざまな文化事象を「物」「言葉」「記号」「人間」という要素ごとに分類して整理し直すことで、知の枠組みの変容を描き出す方法。
④　通常区別されているさまざまな文化事象を同じ認識の平面上でとらえることで、ある時代の文化的特徴を社会的な背景を踏まえて分析し記述する方法。
⑤　一見関係のないさまざまな歴史的事象を「物」「言葉」「記号」そして「人間」の関係性に即して接合し、大きな世界史的変動として描き出す方法。

次の第⑩段落の始めの方に傍線部Bがあって、問三は、このアルケオロジーとはどういう手法なのかと聞いていています。

これはもうわかりますよね。知の枠組みが変容する、つまり変わっていく。知の枠組みはエピステーメーでしたね。これが大きく変わっていくというような歴史の捉え方をしたものがアルケオロジーです。ですから、**「知の枠組み」や「エピステーメー」という言葉がなければ正解にはなりません。**

では、選択肢を見ていきます。「エピステーメー」という言葉がどの選択肢にもないので、「知の枠組み」という言葉がなければ、これは×と判断してもよいと思います。すると、「知の枠組み」があるのは②の「知の枠組みをとらえ」。もう一つは③で、「知の枠組みの変容」とあるから、答えは②か③です。他の選択肢には「知の枠組み」という言葉がありません。

一応、見ておきますよ。①は「考古学の方法に倣い」が、まずダメです。通常は考古学と訳されると書いてあるけれども、フーコーのいうアルケオロジーは通常の考古学とは違う意味で使っているので、おかしいですね。また「その時代の事物の客観的な秩序を復元」とも書いていません。

④は後半に「ある時代の文化的特徴を社会的な背景を踏まえて分析」とありますが、これも本文に書かれていません。

⑤は、ぱっと見ると合っているように思えます。「一見関係のないさまざまな歴史的事象」。第⑨段落に似たようなことが書いてあります。本文に立ち戻って検討すると、「一見関係のないさまざまな文化事象」とある。しかし、⑤では文化事象が歴史的事象になっていますね。さらに第⑨段落に「これによって日本の妖怪観の変容を、大きな文化史的変動のなかで考える」とあるのに対し、⑤では「大きな世界史的な変動として描き出す」となっている。**これは意図的に言葉を変えていますね。**出題者は明らかに間違った選択肢を作ろうとしているんです。

すると、やはり正解は②か③しかない。では、この二つの選択肢について、相対的判断をしていきましょう。

②ですが「事物のあいだにある秩序を認識し思考することを可能にしている知の枠組みをとらえ」は○。「その枠組みが時代とともに変容する」も○です。

では、③はどうか。「さまざまな文化事象を『物』『言葉』『記号』『人間』という要素ごとに分類して整理し直すこと」とあります。確かにこの四つを使って捉えていくとは書いてありましたが、これは物、これは言葉、これは記号、これは人間というように分類して整理するとは書いていませんね。ということで②が正解です。

問二、問三が、内容を理解するのが少し難しかったかもしれません。しかし、選択肢を二つに絞り込めば、仮に最後の一つはこれだと判断できなくても正解する確率は半分になります。逆にいうと、残る問四と問五は基本的な問題ですから、こちらは絶対に落とさないことが大切になります。

読解のルール

特殊な用語は必ず問題文中から、その意味を規定せよ！

●●●「記号」としての妖怪とは●●●

さて、問五の【ノート1】に書いてあるように、この先の第⑩段落から最後までは、実際に妖怪がどのように変容を遂げたのかという歴史的な説明になっています。

第10段落には「本書の議論を先取りして、アルケオロジー的方法によって再構成した日本の妖怪観の変容について簡単に述べておこう」とありました。では、どう変わったのでしょう。

11 中世において、妖怪の出現は多くの場合「凶兆」として解釈された。それらは神仏をはじめとする神秘的存在からの「警告」であった。すなわち、妖怪は神霊からの「言葉」を伝えるものという意味で、一種の「記号」だったのである。これは妖怪にかぎったことではなく、あらゆる自然物がなんらかの意味を帯びた「記号」として存在していた。つまり、「物」は物そのものと言うよりも「記号」であったのである。これらの「記号」は所与のものとして存在しており、人間にできるのはその「記号」を「読み取る」こと、そしてその結果にしたがって神霊への働きかけをおこなうことだけだった。

まず、第11段落は中世について書いてあります。中世の妖怪はフィクションとしての妖怪ではなく、民間伝承としての妖怪で、リアリティのあるものでした。そして、妖怪が現れるのは凶兆だと解釈されました。**妖怪は神霊からの警告の言葉を伝えるものなんですね。神霊の言葉を伝えるものという意味で、筆者は一種の記号だと言っています。**例えば、神様が怒っている。こういった神様の言葉を伝えるものが妖怪だったわけです。さらに、こう書いています。「これは妖怪にかぎったことではなく、

あらゆる自然物がなんらかの意味を帯びた『記号』として存在していた」。これが意味論的なものですよね。つまり、物は物そのものというよりも記号だったと。物には意味があって、そこに何か神霊からのメッセージがあったということです。

次です。「これらの『記号』は所与のものとして存在しており」。つまり記号は人間が作るものじゃなくて与えられるものであったと。次をチェックしておきましょう。「人間にできるのはその『記号』を『読み取る』こと」、これだけだったと。このように、中世の妖怪というのは、物や現象には何かの意味があって、その意味を伝える記号だということですね。**人間にできるのは、その意味を読み取ることだけで、意味を作ることや変えることはできなかったということです。**

●●●「物」そのものとしての妖怪とは●●●

12「物」が同時に「言葉」を伝える「記号」である世界。こうした認識は、しかし近世において大きく変容する。「物」にまとわりついた「言葉」や「記号」としての性質が剝ぎ取られ、はじめて「物」そのものとして人間の目の前にあらわれるようになるのである。ここに近世の自然認識や、西洋の博物学に相当する本草学という学問が成立する。そして妖怪もまた博物学的な思考、あるいは嗜好《しこう》の対象となっていくのである。

第12段落では、中世の時代には物には意味があり、言葉を伝える記号であったのが、近世において、はじめて「物」そのものとして人間の目の前に現れるようになったと書いてあります。つまり、物そのものには何の意味もない、記号ではないということになったんですね。知の枠組みが大きく変容したのだから、妖怪もまた大きく変容していきました。

●●● 人間のコントロール下に入り「表象」となった妖怪 ●●●

13 この結果、「記号」の位置づけも変わってくる。かつて「記号」は所与のものとして存在し、人間はそれを「読み取る」ことしかできなかった。しかし、近世においては、「記号」は人間が約束事のなかで作り出すことができるものとなった。これは、「記号」が神霊の支配を逃れて、人間の完全なコントロール下に入ったことを意味する。こうした「記号」を、本書では「表象」と呼んでいる。人工的な記号、人間の支配下にあることがはっきりと刻印された記号、それが「表象」である。

そして第13段落、その結果どうなったのか。「かつて『記号』は所与のものとして存在し、人間はそれを『読み取る』ことしかできなかった」。ここにもう一度、線を引きましょう。これは第11段落の繰り返しですね。さらにチェックしておきますよ。「近世においては、『記号』は人間が約束事のなかで作り出すことができるものとなった」、「人間の完全なコントロール下に入った」。ここで記号の意味が変わったことが書いてありますよ。昔は**読み取ることしかできなかった記号が、近世になると人間がコントロールできるものになったんです。**

そして次です。「こうした『記号』を、本書では『表象』と呼んでいる。人工的な記号、人間の支配下にあることがはっきりと刻印された記号、それが『表象』である」と書かれています。中世の頃は、物には意味があって、物はその意味を伝える記号であった。そして、人間はそれを読み取ることしかできなかった。こういった知の枠組みがありました。ところが近世に入ると、これが、がらっと変わってしまい、物は物でしかなくなりました。だから、**人間が好きなように記号を作り出すことができるようになった。このような記号を表象だと言っている**んです。

14「表象」は、意味を伝えるものであるよりも、むしろその形象性、視覚的側面が重要な役割を果たす「記号」である。妖怪は、伝承や説話といった「言葉」の世界、意味の世界から切り離され、名前や視覚的形象によって弁別される「表象」となっていった。それはまさに、現代で言うところの「キャラクター」であった。そしてキャラクターとなった妖怪は完全にリアリティを喪失し、フィクショナルな存在として人間の娯楽の題材へと化して

> いった。妖怪は「表象」という人工物へと作り変えられたことによって、人間の手で自由自在にコントロールされるものとなったのである。こうしたC妖怪の「表象」化は、人間の支配力が世界のあらゆる局面、あらゆる「物」に及ぶようになったことの帰結である。かつて神霊が占めていたその位置を、いまや人間が占めるようになったのである。

表象について、わかりやすく説明しているのが70行目、「現代で言うところの『キャラクター』であった」です。例えば、江戸時代の有名な妖怪画集「画図百鬼夜行」に出てくる「河童」や「雪女」などといったものは人間が作り出した記号で、表象です。これらは**神霊からのメッセージではなくて、キャラクターとして人間が自由に動かすことができるものですね。これが近世の妖怪**です。そして、フィクショナルな存在としての人間の娯楽の題材へと化していったんです。

中世の頃、人間は神霊からのメッセージを読み取るしかなかった。そこから民間伝承の妖怪が生まれた。ところが近世に入ると、その妖怪を人間がキャラクターとして自由にコントロールできるようになった。そこからフィクションとしての娯楽の妖怪が登場した、ということです。そして、次です。「こうした妖怪の『表象』化は、人間の支配力が世界のあらゆる局面、あらゆる『物』に及ぶようになったことの帰結である」。**妖怪だけでなく、人間があらゆる物事を支配するようになってきた。「かつて神霊が占めていたその位置を、いまや人間が占めるようになった」**んですね。

問四　傍線部C「妖怪の『表象』化」とは、どういうことか。その説明として最も適当なものを、次の①〜⑤のうちから一つ選べ。

① 妖怪が、人工的に作り出されるようになり、神霊による警告を伝える役割を失って、人間が人間を戒めるための道具になったということ。

② 妖怪が、神霊の働きを告げる記号から、人間が約束事のなかで作り出す記号になり、架空の存在として楽しむ対象になったということ。

③ 妖怪が、伝承や説話といった言葉の世界の存在ではなく視覚的な形象になったことによって、人間世界に実在するかのように感じられるようになったということ。

④ 妖怪が、人間の手で自由自在に作り出されるものになり、人間の力が世界のあらゆる局面や物に及ぶきっかけになったということ。

⑤ 妖怪が、神霊からの警告を伝える記号から人間がコントロールする人工的な記号になり、人間の性質を戯画的に形象した娯楽の題材になったということ。

では、問四を解いていきましょう。「妖怪の『表象』化」とは何か。傍線部Cの直前に指示語の「こうした」があります。この指示内容を考えるといいですね。表象とは何だったかというと、簡単にいえばキャラクターでした。かつて妖怪というのは、神霊からのメッセージを伝える記号で、人間はそれを読み取るしかなかった。ところが、近世に入ると、人間が自由にキャラクターとしてコントロールできるようになった。だから、**妖怪はフィクショナルな存在として、娯楽の題材となった。これが妖怪の表象化**ですね。

これを押さえて選択肢を検討しましょう。

まずは①。表象は簡単にいえばキャラクターですから、「妖怪が、人工的に作り出される」は合っていますね。「神霊による警告を伝える役割を失って」も合っている。しかし、次の「**人間が人間を戒めるための道具**」が間違いです。人間が人間を戒めるための道具に妖怪がなったとは書いてありません。

③は後半の「人間世界に実在するかのように感じられるようになった」が間違い。キャラクターでありフィクショナルだから、**実在とはまるで反対**です。

⑤は「妖怪が、神霊からの警告を伝える記号から人間がコントロールする人工的な記号になり」は合っています。ただ、「人間の性質を戯画的に形象した娯楽」がおかしい。**人間の性質を戯画的に形象したかどうかは書いてありません**。書いていないことは、本文とは無関係なので、×です。

ここまでは比較的簡単で、これで二つに絞り込むことができました。では、②か④か。

②の前半、「妖怪が、神霊の働きを告げる記号から、人間が約束事のなかで作り出す記号になり」

は合っていますね。そして、後半「架空の存在として楽しむ対象になった」。近世の妖怪はフィクショナルな存在になったから、「架空の存在」です。さらに娯楽の対象になったわけだから、「楽しむ対象」も合っている。おかしなところはありません。

では④はどうか。前半は合っていますが、後半の「人間の力が世界のあらゆる局面や物に及ぶきっかけになった」。これ、どうでしょう。「人間の力が世界のあらゆる局面や物に及ぶ」は合っていますね。でも、聞かれているのは「妖怪の『表象』化」とは何かですので、これは**表象化の説明になっていません**ね。表象はキャラクターのことで、架空の存在となって娯楽の題材となったと書いてあったから、その説明としては②が適切です。また、④の最後の「きっかけになった」もおかしい。第⑭段落を見てください。傍線部Cの直後「人間の支配力が世界のあらゆる局面、あらゆる『物』に及ぶようになったことの**帰結である**」と書いてある。選択肢の④は「きっかけ」で、本文は「帰結」。きっかけは始まり、帰結は終わりで、まるで違いますね。よって②が正解です。これも本文の「帰結」を「きっかけ」と別の言葉に変えて、意図的に間違った選択肢を作ったものです。

近代の妖怪とは

問五

(ii) Nさんは、本文で述べられている近世から近代への変化を【ノート2】のようにまとめた。空欄 Ⅲ ・ Ⅳ に入る語句として最も適当なものを、後の各群の①～④のうちから、それぞれ一つずつ選べ。

【ノート2】

近世と近代の妖怪観の違いの背景には、「表象」と「人間」との関係の変容があった。

近世には、人間によって作り出された、 Ⅲ が現れた。しかし、近代へ入ると Ⅳ が認識されるようになったことで、近代の妖怪は近世の妖怪にはなかったリアリティを持った存在として現れるようになった。

Ⅲ に入る語句

① 恐怖を感じさせる形象としての妖怪
② 神霊からの言葉を伝える記号としての妖怪

③　視覚的なキャラクターとしての妖怪
④　人を化かすフィクショナルな存在としての妖怪

［Ⅳ］に入る語句
①　合理的な思考をする人間
②　「私」という自立した人間
③　万物の霊長としての人間
④　不可解な内面をもつ人間

では、問五の残りをやっていきましょう。問五(ii)は、【ノート2】です。空欄Ⅲ・Ⅳに入るものを選びなさいという問題で、これも妖怪がどう変わったのかという問いですね。空欄Ⅲが近世で、空欄Ⅳが近代。近代に関してはまだ読んでいないので、これは後回しにして空欄Ⅲを解きましょう。これも要点を捉えたかどうかの問題です。【ノート2】を見るとこう書いてある、「近世には、人間によって作り出された、［Ⅲ］が現れた」。**近世に現れたのは娯楽の題材になったキャラクターでしたね。**

そこで選択肢を見ていくと、①「恐怖を感じさせる形象」がおかしい。とくに恐怖とは限っていません。②「神霊からの言葉を伝える記号」は、中世の妖怪でした。④「人を化かす」とは書いてありません。そこで、③「視覚的なキャラクターとしての妖怪」が正解です。

次に、空欄Ⅳにいきましょう。近代に入ると妖怪はどのように変わるのか。中世は、物には意味があり、それを伝える記号として妖怪が現れた時代でした。それに続く近世は、人間が妖怪をキャラクターとしてコントロールできるようになった時代。フィクショナルな娯楽の題材となったわけです。では、近代になるとどうなるのか。それが第15段落以降に書いてあるので、読んでいきます。

15 ここまでが、近世後期――より具体的には十八世紀後半以降の都市における妖怪観である。だが、近代になると、こうした近世の妖怪観はふたたび編成しなおされることになる。「表象」として、リアリティの領域から切り離されてあった妖怪が、以前とは異なる形でリアリティのなかに回帰するのである。これは、近世は妖怪をリアルなものとして恐怖していた迷信の時代、近代はそれを合理的思考によって否定し去った啓蒙《けいもう》の時代、という一般的な認識とはまったく逆の形である。

16「表象」という人工的な記号を成立させていたのは、「万物の霊長」とされた人間の力の絶対性であった。ところが近代になると、この「人間」そのものに根本的な懐疑が突きつけられるようになる。人間は「神経」の作用、「催眠術」の効果、「心霊」の感応によって容易に妖怪を「見てしまう」不安定な存在、「内面」というコントロール不可能な部分を抱えた存在として認識されるようになったのだ。かつて「表象」としてフィクショナルな領域に囲い込まれていた妖怪たちは、今度は「人間」そのものの内部に棲《す》みつくようになったのである。

17 そして、こうした認識とともに生み出されたのが、「私」という近代に特有の思想であった。謎めいた「内面」を抱え込んでしまったことで、「私」は私にとって「不気味なもの」となり、いっぽうで未知なる可能性を秘めた神秘的な存在となった。妖怪は、まさにこのような「私」をトウエイ《オ》した存在としてあらわれるようになるのである。

18 以上がアルケオロジー的方法によって描き出した、妖怪観の変容のストーリーである。

第15段落の79行目、「『表象』として、リアリティの領域から切り離されてあった妖怪が」の次に線を引きましょう。「以前とは異なる形でリアリティのなかに回帰する」。今度はリアリティの中に戻ったとあります。

これはどういうことか。第16段落84行目、「近代になると、この『人間』そのものに根本的な懐疑が突きつけられるようになる。人間は『神経』の作用、『催眠術』の効果、『心霊』の感応によって容易に妖怪を『見てしまう』不安定な存在、『内面』というコントロール不可能な部分を抱えた存在として認識される」とあります。次、線を引きましょう。「妖怪たちは、今度は『人間』そのものの内部に棲みつくようになったのである」。

そして第17段落91行目、線を引きましょう。「『私』は私にとって『不気味なもの』となり、いっぽうで未知なる可能性を秘めた神秘的な存在となった」。そして、妖怪は「私」を投影した存在になったんですね。

近世の妖怪にはリアリティがなかった。これは「万物の霊長」たる人間が絶対だったからです。ところが、近代に入ると、人間そのものを懐疑的に見るようになる。人間の心の中、私というものがよくわからない。人間はコントロールできない不気味なものだ、となってきた。そして、この人間の内面を現したのが近代の妖怪なんですね。

そう考えて問五(ii)の空欄Ⅳを解くと、①「合理的な思考をする」は逆です。②「自立した人間」もダメだし、③「万物の霊長」も違います。④「不可解な内面をもつ人間」。これが認識されるようになって、近代の妖怪はリアリティを持ったんですね。正解は④です。

近代の妖怪とドッペルゲンガー

問五

(iii)【ノート2】を作成したNさんは、近代の妖怪観の背景に興味をもった。そこで出典の『江戸の妖怪革命』を読み、【ノート3】を作成した。空欄 Ⅴ に入る最も

適当なものを、後の①～⑤のうちから一つ選べ。

【ノート3】

本文の17には、近代において「私」が私にとって「不気味なもの」となったということが書かれていた。このことに関係して、本書第四章には、欧米でも日本でも近代になってドッペルゲンガーや自己分裂を主題とした小説が数多く発表されたとあり、芥川龍之介の小説「歯車」（一九二七年発表）の次の一節が例として引用されていた。

第二の僕、――独逸《どいつ》人の所謂《いわゆる》Doppelgaenger は仕合《しあわ》せにも僕自身に見えたことはなかった。しかし亜米利加《あめりか》の映画俳優になったK君の夫人は第二の僕を帝劇の廊下に見かけていた。（僕は突然K君の夫人に「先達《せんだって》はつい御挨拶もしませんで」と言われ、当惑したことを覚えている。）それからもう故人になったある隻脚《かたあし》の翻訳家もやはり銀座のある煙草《たばこ》屋に第二の僕を見かけていた。死はあるいは僕よりも第二の僕に来るのかも知れなかった。

考察 ドッペルゲンガー（Doppelgaenger）とは、ドイツ語で「二重に行く者」、すなわち「分身」の意味であり、もう一人の自分を「見てしまう」怪異のことである。また、「ドッペルゲンガーを見た者は死ぬと言い伝えられている」と説明されていた。

V

17に書かれていた『私』という近代に特有の思想」とは、こうした自己意識を踏まえた指摘だったことがわかった。

①「歯車」の僕は、自分の知らないところで別の僕が行動していることを知った。僕はまだ自分でドッペルゲンガーを見たわけではないと安心し、別の僕の行動によって自分が周囲から承認されているのだと悟った。これは、「私」が他人の認識のなかで生かされているという神秘的な存在であることの例にあたる。

②「歯車」の僕は、自分には心当たりがない場所で別の僕が目撃されていたと知った。僕は自分でドッペルゲンガーを見たわけではないのでひとまずは安心しながらも、もう一人の自分に死が訪れるのではないかと考えていた。これは、「私」が自分自身を統御できない不安定な存在であることの例にあたる。

③「歯車」の僕は、身に覚えのないうちに、会いたいと思っていた人の前に別の僕が姿を現していたと知った。僕は自分でドッペルゲンガーを見たわけではないが、別の僕が自分に代

わって思いをかなえてくれたことに驚いた。これは、「私」が未知なる可能性を秘めた存在であることの例にあたる。

④「歯車」の僕は、自分がいたはずのない場所に別の僕がいたことを知った。僕は自分がドッペルゲンガーを見たわけではないと自分を落ち着かせながらも、自分が分身に乗っ取られるかもしれないという不安を感じた。これは、「私」が「私」という分身にコントロールされてしまう不気味な存在であることの例にあたる。

⑤「歯車」の僕は、自分がいるはずのない時と場所で僕を見かけたと言われた。僕は今のところ自分でドッペルゲンガーを見たわけではないので死ぬことはないと安心しているが、他人にうわさされることに困惑していた。これは、「私」が自分で自分を制御できない部分を抱えた存在であることの例にあたる。

さて、最後の問題、問五(iii)です。この問題は面白いですね。【ノート3】には芥川龍之介の『歯車』を引用しています。**この引用文は、「近代において『私』が私にとって『不気味なもの』となった」こととイコールの関係ですよ。**『歯車』にはドッペルゲンガーというものが登場します。もう一人の私ですね。私がもう一人の私を見るわけです。このドッペルゲンガーが近代の妖怪だということがわかりますね。

では、空欄Ⅴには何が入るのか。近代の妖怪の例ですから、**人間の心の不可思議な部分、あるいは、人間がコントロールできない部分、これが妖怪となっているわけです。**

そう考えて選択肢を見ていきましょう。①の後半、「別の僕の行動によって自分が周囲から承認されている」。これはおかしいですね、そんなことは書いてありません。その後の「『私』が他人の認識のなかで生かされている」もおかしい。①は×です。

③の「別の僕が自分に代わって思いをかなえてくれた」。これも変ですよね。思いをかなえてくれるのではなくて、自分の中の、自分でもわからない不可思議な部分がドッペルゲンガーとなるんですよね。③も×です。

④の「自分が分身に乗っ取られるかもしれないという不安を感じた」とは書かれていないし、「『私』が『私』という分身にコントロールされてしまう」のも違います。④も×です。

⑤は「他人にうわさされることに困惑していた」が違いますね。⑤も×です。

それでは、②を見てみましょう。「もう一人の自分に死が訪れるのではないかと考えていた」は、引用文には「死はあるいは僕よりも第二の僕に来るのかも知れなかった」とあり、合っています。また、その後に「『私』が自分自身を統御できない不安定な存在であることの例」とあって、これは自分で自分の心がわからない、自分の心をコントロールできないことから現れる近代の妖怪のこと、つまり、ドッペルゲンガーですね。ということで正解は②しかありません。

解答

問一 ア③ イ① ウ② エ③ オ①（各2点）
問二 ①（7点）
問三 ②（7点）
問四 ②（7点）
問五 (i) ④（5点）
(ii) Ⅲ③ Ⅳ④（各3点）
(iii) ②（8点）

共通テスト　小説問題の解法

共通テストの小説問題の解き方

小説問題の解き方について解説していきましょう。

センター試験でもそうでしたが、共通テストでも現段階では評論と小説が一題ずつ出題されます。おそらく、この傾向はしばらく続くのではないかと思われます。ということは、共通テストを受ける場合、小説問題で高得点を取らないとダメなんです。なぜなら、同じランクの大学を目指している人とは、評論問題では差が出にくいからです。というのも、評論問題は個々の学力に比例した点数になることが多いんです。例えば、英語や数学で高得点を取る人は、評論の問題でも高得点を取ることが多い。**でも、小説問題はそうではありません。**他の科目で高得点が取れて、しかも現代文も得意だという人が、**ときには小説でひどい点を取ってしまうことがあります。**一方で他の科目で点を取れない人でも、小説問題に限って、ときには高得点を取ることがある。つまり、小説問題での得点っていうのは非常にむらがあるんですよね。これはなぜでしょう。

なぜ主観を入れて読んでしまうのか

小説ですから、読めばだいたいの内容も意味もわかります。しかし、なぜか設問を解いたら答えが間違っている。あるいは、点数が良いときもあれば悪いときもある。では、どうして小説問題の得点にむらがあるのかというと、その理由ははっきりしています。無意識に主観を入れて文章を読んでいるからです。無意識だから、自分では気がつかない。また、自覚がない。自覚がないままにいくら問題を解いても、やはり主観を入れて読んでいるから、合ったり間違ったりを繰り返す。小説問題が苦手な人のほとんどがこのような状態だと思います。

自分がどこで主観を入れてしまったのか、主観を入れずに客観的に読むとはどういうことか、それを意識しないと、いくら練習問題を解いたり、小説をたくさん読んだりしてもダメなんですね。

では、なぜ主観が入ってしまうのか。その理由の一つが、小説問題の多くは長い小説の一場面を切り取ったものだからです。（まれに短編小説の全文が出題されることもありますが、これは例外です。）普通に最初のページから小説を読めば、時代はどんな時代で、人々がどんな暮らしをして、どんな価値観のもとに生きているかなどの背景がわかってきます。そして、登場人物がどんな生い立ちなのか、どんな性格で、何が起きているかも、当然わかります。だから、場面がすんなり頭に入ってくるんですよね。でも、試験問題ではいきなり一部を切り取ったものが出されます。どんな時代で登場人物がどんな性格なのか、一切わからない。その場面の前には何があったかもわからないのに「次の文章を読みなさい」と言われるわけです。そして、動作やセリフに傍線が引いてあって、「このときの心情を答えなさい」というのが小説問題の基本です。

こうなると、どのようにでも読むことができますよね。なぜなら、前もって情報が与えられていないので、小説全体の中ではそれがどんな場面で、どんな意味を持つのかを特定することができないからです。だから、私なら悲しいから彼女も悲しいだろうとか、私だったら許せないから彼も怒っているだろうとか、勝手に思ってしまうんです。

自分の感覚というフィルターを通して読んでいくわけですから、出題者の捉え方と自分の感覚が近いとよい点を取ることができる。しかし、感覚が合わないと、まったく点が取れなくなってしまう。小説問題で得点にむらがあるのはこういうことが起きているからなんです。

主観的に読んでしまう理由は、もう一つあります。それは時代背景を理解しにくいということです。今、皆さんが生きている現代に書かれた小説は、大学入試にはあまり出題されません。今回、この本で取り上げた問題も大正時代の小説です。皆さんは当然、この時代を生きたことがないから、どんな時代で、どんな価値観を持って人々が生きていたのかまったくわからない。それなのに、今の自分の感覚や価値観で読んでしまうと理解できないし、どうしても主観的にならざるをえない。

小説問題では大抵、登場人物の心情を答える問題が出されます。動作やセリフに傍線が引いてあって、心情を問われるのです。例えば、「黙ってうつむいている」という部分に傍線が引いてあって、どんな気持ちでうつむいたのか心情を答えるわけです。そのときに「黙ってうつむいているのだから、悔しいのを我慢しているのだろう」などと自分の感覚というフィルターを通して答えてはいけません。**心情を表す部分、とくに動作やセリフ、あるいは情景描写などの根拠になる部分をチェックしながら読んでいきます。そして傍線部の心情はそこだけで判断せずに、それ以前の心情を表す根拠も押さえておく。さらにそれ以降の心情を表す根拠も押さえて、客観的な根拠をもって分析していきます。**

入学試験では、皆さんの文学的才能を試したいわけではありません。あくまで、与えられたテキストを、主観を入れずに客観的に分析できる力を試されているんだと思えばいいのです。

小説問題は解き方がすべて

ある小説家が、自分の作品が入試問題に出題されていたので、解いてみたら解けなかった。自分が思った答えとは正解が異なっていた。こんなことを書いたエッセイを読んだことがあります。こういう例は結構多いんですよ。そして、これを読んだ知識人が、作者が解けないなんて、現代文の試験とはなんておかしなものなんだと批判することもあります。しかし、これはまったく的外れだと思います。作者だからこそ解けないのです。繰り返しになりますが、入試問題に出される問題文は、長い作品の一場面を切り取ったものです。当たり前ですが、作者はすべてのストーリーを知っています。登場人物の人格もすべて頭の中にあります。あるいは自分の考えた作品のテーマもあるでしょう。問題文は、それらを切り離した一場面なのに、全体を知っている作者は、つい主観で読んでしまうんです。だから、入試問題の正解と作者が思う正解とは異なって当然なんですね。

これに対して皆さんはその作品のストーリーを知りません。登場人物がどんな人物かもわかりません。この一場面、与えられたテキストがすべてです。だから、そこから得られる情報だけを手がかりに心情を分析し、把握しなければなりません。

小説問題は解き方がすべてです。客観的に読むことを心がけて、解き方がわかれば、一定量の練習で確実に高得点が取れるようになります。ですから、これをしっかり練習しないで点を落とすのは非常にもったいない。評論問題は、論文に使われる用語や文体、あるいは現代社会に対する認識など、総合的な力が必要であり、そう簡単に点が取れるようにはなりません。しかし小説問題は短期間で、また評論問題に比べて少ない練習量で成果が出ます。ですから、ぜひとも小説問題で高得点が取れるようになってほしいと思います。

第4講

共通テスト小説問題

『羽織と時計』

加能作次郎

●目標得点 30点

問題 ▶ P.36

本講のねらい

共通テストの小説問題の傾向と対策。登場人物の心情を客観的な根拠をもって分析します。小説問題の解き方を理解することで、安定して高得点を獲得できるようになりましょう。

●●● 問題文の前に示された情報を押さえてから読む ●●●

共通テストの小説問題です。共通テストには過去問がまだ多くありませんが、センター試験とほぼ変わることがありません。とくに小説問題は大きな変更はありません。皆さんの読解力を試すという点で、センター試験と同じだと言っていいでしょう。

今回の問題では、問六で問題文を批評した文章を読んで答える点が新しい傾向ともいえますが、むしろ他の設問に比べて簡単な問題になっていると思います。

この講義で小説問題の読み方、解き方がわかったら、センター試験の過去問はたっぷりありますから、それを使って確実に高得点が取れるように練習してほしいと思います。では、読んでいきましょう。

次の文章は、加能作次郎「羽織と時計」（一九一八年発表）の一節である。「私」と同じ出版社で働くW君は、妻子と従妹《いとこ》と暮らしていたが生活は苦しかった。そのW君が病で休職している期間、「私」は何度か彼を訪れ、同僚から集めた見舞金を届けたことがある。以下はそれに続く場面である。これを読んで、後の問いに答えよ。

春になって、陽気がだんだん暖かになると、W君の病気も次第に快《よ》くなって、五月の末には、再び出勤することが出来るようになった。

彼が久し振りに出勤した最初の日に、W君は突然私に尋ねた。私は不審に思いながら答えた。

『君の家の紋[*1]は何かね？』

『円《まる》[*2]に横モッコです。平凡なありふれた紋です。何ですか？』

『いや、実はね。僕も長い間休んで居て、君に少《すく》なからぬ世話になったから、ほんのお礼の印に羽二重《はぶたえ》[*3]を一反《いったん》[*4]お上げしようと思っているんだが、同じことなら羽織にでもなるように紋[*5]を抜いた方がよいと思ってね。どうだね、其方《そのほう》がよかろうね。』とW君は言った。

W君の郷里は羽二重の産地で、彼の親類に織元《おりもと》があるので、そこから安く、実費で分けて貰《もら》うので、外にも序《ついで》があるから、そこから直接に京都へ染めにやることにしてあるとのことであった。

『染《そめ》は京都でなくちゃ駄目だからね。』とW君は独りで首肯《うなず》いて、『じゃ早速言ってやろう。』

私は辞退するア術《すべ》もなかった。

一ケ月あまり経《た》って、染め上《あが》って来た。W君は自分でそれを持って私の下宿を訪れて呉《く》れた。私は早速W君と連れだって、呉服屋へ行って裏地を買って羽織に縫って貰った。貧乏な私は其時まで礼服というものを一枚も持たなかった。羽二重の紋付《もんつき》の羽織というものを、その時始めて着たのであるが、今でもそれが私の持物《もちもの》の中で最も貴重なものの一つとなって居る。

『ほんとにいい羽織ですこと、あなたの様な貧乏人が、こんな羽織をもって居なさるのが不思議な位ですわね。』

妻は、私がその羽織を着る機会のある毎《ごと》にそう言った。私はW君から貰ったのだということを、妙な羽目からついイ言いはぐれて了《しま》って、今だに妻に打ち明けてないのであった。妻が私が結婚の折に特に拵《こしら》えたものと信じて居るのだ。下に着る着物でも袴《はかま》でも、その羽織とは全く不調和な粗末なものばかりしか私は持って居ないので、

『よくそれでも羽織だけ飛び離れていいものをお拵えになりましたわね。』と妻は言うので

あった。

『そりゃ礼服だからな。これ一枚あれば下にどんなものを着て居ても、兎《と》に角《かく》礼服として何《ど》処《こ》へでも出られるからな。』私はA擽《くす》ぐられるような思《おもい》をしながら、そんなことを言って誤《ご》魔《ま》化《か》して居た。

『これで袴だけ仙台平《せんだいひら》*6か何かのがあれば揃《そろ》うのですけれどね。どうにかして袴だけいいのをお拵えなさいよ。これじゃ羽織が泣きますわ。こんなぼとぼとしたセル*7の袴じゃ、折角《せっかく》のいい羽織がちっとも引き立たないじゃありませんか。』

妻はいかにも惜しそうにそう言い言いした。


それほど難しくない文章ですが、もしも難しいとするならば、現代とはまったく違う時代の話であるという点ですね。だから、**時代背景を考えながら感情移入せずに本文の根拠を手がかりに読んでいきましょう。**

「羽織と時計」は大正時代の作品です。本文の前にいろいろな情報が与えられていますから、まずは、それをしっかり読んでおきましょう。一九一八年発表とあります。**今とは価値観が違うことを前提に**読んでください。「私」と同じ出版社で働くW君が登場人物ですね。W君は妻子と従妹と暮らしています。「**生活は苦しかった**」とあるので、**ここを押さえておきましょう**。「そのW君が病で休職している期間、『私』は何度か彼を訪れ、同僚から集めた見舞金を届けたことがある」。問題文はその後に続く文章だということですね。

●●● 本文を根拠に客観的に心情を把握する ●●●

冒頭からしばらくは、とくに人物の心情を表す部分はありません。W君が再び出勤することができるようになったから、自分が休んでいる間に世話になったということで、お礼に羽二重の布地をくれることになりました。京都で染め上げてから、呉服屋に行って裏地を買って羽織に縫ってもらった。次をチェックしておきましょう。「貧乏な私は其時まで礼服というものを一枚も持たなかった」。羽二重の紋付の羽織なんて、生まれて初めて着たわけです。つまり、私も貧乏だったんですね。

その羽織について、「ほんとにいい羽織ですこと、あなたの様な貧乏人が、こんな羽織をもって居なさるのが不思議な位ですわね」。妻は「私」がその羽織を着るたびにこのように言います。ここにも貧乏と書いてありますね。さて、それに対して、「私はW君から貰ったのだということを、妙な羽目からつい言いはぐれて了って、今だに妻に打ち明けてないのであった」とあります。「今だに妻に打ち明けてない」をチェックしておきましょう。W君にもらったのに、そのことを妻には言っていない。妻は「私」が結婚の折に作ったものだと信じているんですね。

そして、妻はこう言います。「よくそれでも羽織だけ飛び離れていいものをお拵えになりましたわね」。この妻のセリフに対して、「擽ぐられるような思をしながら、そんなことを言って誤魔化して居た」とある。羽織だけが立派で、ほかには立派なものがなかったのです。

問二　**傍線部A「擽ぐられるような思」とあるが、それはどのような気持ちか。その説明として最も適当なものを、次の①～⑤のうちから一つ選べ。**

① 自分たちの結婚に際して羽織を新調したと思い込んで発言している妻に対する、笑い出したいような気持ち。

② 上等な羽織を持っていることを自慢に思いつつ、妻に事実を知られた場合を想像して、不安になっている気持ち。

③ 妻に羽織をほめられたうれしさと、本当のことを告げていない後ろめたさとが入り混じった、落ち着かない気持ち。

④ 妻が自分の服装に関心を寄せてくれることをうれしく感じつつも、羽織だけほめることを物足りなく思う気持ち。

⑤ 羽織はW君からもらったものだと妻に打ち明けてみたい衝動と、自分を侮っている妻への不満とがせめぎ合う気持ち。

さて、傍線部Aの問二があります。評論問題と同じように、小説問題でも意味段落ごとに傍線部があれば、とりあえずは解いてみましょう。「擽ぐられるような思」とあるから、心情ですね。このときの私の心情を客観的に捉えられたかどうか。くすぐったい思いという言い方は、照れくさいときに使いますよね。ではどうして、このような思いをしているのか。まずは直前で「飛び離れていいものをお拵えになりましたわね」と妻が言っています。ということは、妻にほめられたからくすぐったい気持ちがしたわけです。これがポイントの一つ目です。

もう一つは、妻のセリフよりも前の「私」の心情です。「今だに妻に打ち明けてない」とあります。その前には、「あなたの様な貧乏人が、こんな羽織をもって居なさるのが不思議な位」と妻が言っています。つまり、貧乏なのにこんな高級な羽織を持っているのは、W君にもらったからだということを、つい言いそびれてしまったわけです。なおかつ、それをほめられた。だから、くすぐったいような照れた気持ちになったんです。このように、必ず傍線部前後の根拠を捉えるようにしていきましょう。

気持ちをくすぐるという言い方は、母性本能をくすぐるとか、自尊心をくすぐるというように使いますね。ですから「くすぐられる」というのは、ちょっといい気持ちになっているわけです。それと同時に、やはり妻に対して言いそびれてしまったという思いもあるわけです。このようにしてポイントを捉えていけば、答えられますよ。

読解のルール

意味段落ごとに立ち止まり、設問があれば、そこで検討する。

捉えたポイントをもとに選択肢を吟味する

では選択肢を見ていきましょう。すると、この二つのポイントがあるのは③の「妻に羽織をほめられたうれしさ」「本当のことを告げていない後ろめたさ」ですね。このように考えれば、決して難しくありません。

他の選択肢も見ておきましょう。①には二つのポイントがありません。また「笑い出したいような気持ち」が違います。②「妻に事実を知られた場合を想像して、不安になっている」。くすぐられる気持ちと不安とは違うし、そもそも本文中に根拠がありません。④「羽織だけほめることを物足りなく思う」。物足りないということも本文のどこにも書かれていません。また、くすぐったい気持ちと物足りない気持ちとは違います。⑤「妻に打ち明けてみたい衝動」。妻に打ち明けていないとは書いてありますが、打ち明けたい衝動があったとは書いてありません。**必ず本文に根拠があるかどうかを確か**

めてください。さらに「自分を侮っている妻」とも書かれていません。ということで、問二の答えは③です。

> 　私もそうは思わないではないが、今だにその余裕がないのであった。私はこの羽織を着る毎にW君のことを思い出さずに居なかった。
> 　その後、社に改革があって、私が雑誌を一人でやることになり、W君は書籍の出版の方に廻《まわ》ることになった。そして翌年の春、私は他にいい口があったので、その方へ転ずることになった。
> 　W君は私の将来を祝し、送別会をする代《かわ》りだといって、自ら奔走して社の同人[*8]達《たち》から二十円ばかり醵金《きょきん》[*9]をして、私に記念品を贈ることにして呉れた。私は時計を持って居なかったので、自分から望んで懐中時計を買って貰った。
> 『贈××君。××社同人。』
> 　こう銀側の蓋の裏に小さく刻まれてあった。
> 　この処置について、社の同人の中には、内々不平を抱いたものもあったそうだ。まだ二年足らずしか居ないものに、記念品を贈るなどということは曾《かっ》て例のないことで、これはW君が、自分の病気の際に私が奔走して見舞金を贈ったので、その時の私の厚意に酬《むく》いようとす

る個人的の感情から企てたことだといってW君を非難するものもあったそうだ。また中には、『あれはW君が自分が罷《や》める時にも、そんな風なことをして貰いたいからだよ。』と卑しい邪推をして皮肉を言ったものもあったそうだ。

　私は後でそんなことを耳にして非常に不快を感じた。そしてW君に対して気の毒でならなかった。そういう非難を受けてまでも（それはW君自身予想しなかったことであろうが）私の為《ため》に奔走して呉れたW君の厚い情誼《じょうぎ》*10を思いやると、私は涙ぐましいほど感謝の念に打たれるのであった。それと同時に、その一種の恩恵に対して、常に或《あ》る重い圧迫を感ぜざるを得なかった。

　羽織と時計――。私の身についたものの中で最も高価なものが、二つともW君から贈られたものだ。この意識が、今でも私の心に、感謝の念と共に、B何だかやましいような気恥《きはずか》しいような、訳のわからぬ一種の重苦しい感情を起《おこ》させるのである。

　××社を出てから以後、私は一度もW君と会わなかった。W君は、その後一年あまりして、病気が再発して、遂《つい》に社を辞し、いくらかの金を融通して来て、電車通りに小さなパン菓子屋を始めたこと、自分は寝たきりで、店は主に従妹が支配して居て、それでやっと生活して居るということなどを、私は或る日途中で××社の人に遇《あ》った時に聞いた。私は××社を辞した後、或る文学雑誌の編輯《へんしゅう》に携《たずさわ》って、文壇の方と接触する様になり、交友の範囲もおのずから違って行き、仕事も忙しかったので、一度見舞旁々訪《みまいかたがたおとな》わねばならぬと思いながら、自然と遠ざかって了った。その中《うち》私も結婚をしたり、子が出来たりして、境遇も次第に前と異《こと》って来て、一層ウ足が遠くなった。偶々《たまたま》思い出しても、久しく無沙汰をして居ただけそれだけ、そしてそれに対して一種の自責を感ずれば感ずるほど、妙に改まった気持《きもち》になって、つい億劫《おっくう》になるのであった。

●●● 人物の心情を時系列に沿って押さえる ●●●

では、続きを見ていきましょう。35行目「私もそうは思わないではないが、今だにその余裕がないのであった」。この次に線を引いておきましょう。心情ですよ。「私はこの羽織を着る毎にW君のことを思い出さずに居なかった」。W君からもらった、生まれて初めて着る高級な羽織。しかも、この羽織だけが立派なんですね。だから、これを見たら否応なくW君のことを思い出すわけです。

そして次、「私は他にいい口があったので、その方へ転ずることになった」。私は転職することになりました。そこで、W君は送別会の代わりだと、二十円ばかりのお金を集めて私に記念品を贈ることにしてくれました。そこで私は、自分から望んで懐中時計を買ってもらったんですね。

このことに対して、社の同人たちの中には不平を抱いた者がいました。二年しかいないのに記念品を贈るなんてことは例がなかったんです。次です。線を引きましょう。「W君が、自分の病気の際に私が奔走して見舞金を贈ったので、その時の私の厚意に酬いようとする個人的の感情から企てたことだといってW君を非難するものもあった」。会社の中では、二年しか勤めていない「私」に時計を贈ったということでW君を非難する声があったんですね。

このように、「私」はW君に、いろいろしてもらっているわけです。その後の54行目、線を引いておきましょう。「私の為に奔走して呉れたW君の厚い情誼を思いやると、私は涙ぐましいほど感謝の念に打たれるのであった」。心情ですよね。ここを押さえておきましょう。「私」はW君に感謝しています。しかし、感謝する一方で、別の感情も持っています。「その一種の恩恵に対して、常に或る重い圧迫を感ぜざるを得なかった」。ここにも線を引きますよ。圧迫感と言っていますね。押し付けられるような息苦しさのことです。感謝はしているけれども、圧迫感がある。では、その圧迫感をなぜ感じるのか。57行目「羽織と時計――」とわざわざ書いてありますね。この二つです。「私の身についたものの中で最も高価なものが、二つともW君から贈られたものだ」。「二つともW君から贈られたものだ」にも線を引きましょう。感謝はしている。でも、「何だかやましいような気恥しいような、訳のわからぬ一種の重苦しい感情」もあるんですね。ここが傍線部Bで問三になっています。54行目には「感謝の念」と同時に「或る重い圧迫」とありますが、傍線部Bの直前にも「感謝の念と共に」

とあるから、傍線部Bの**「重苦しい感情」とは圧迫感のことを言っていますよ**。羽織と時計、この二つの贈り物が、私を圧迫したんです。それでは、このように感じていた「私」はその後どうしたか。「一度見舞旁々訪わねばならぬ」と思いながらも、69行目「一種の自責を感ずれば感ずるほど、妙に改まった気持になって、つい億劫になる」とあるので、会社を辞めてから、「私」はW君とは会わなかったんですね。W君は一年後ぐらいに病気を再発して会社を辞めています。そして小さなパン菓子屋を始め、寝たきりになったと書いてあります。一方の「私」はどうであったかというと、周りを取り巻く環境も変わり、仕事も忙しかったんですね。だから見舞いに行こうと思いながらも、「自然と遠ざかって了った」。ここにも線を引いておきましょう。

　この部分と傍線部ウの「足が遠くなった」は同じことですね。**「一種の自責を感ずれば感ずるほど、妙に改まった気持になって、つい億劫になる」。こうして、ついつい見舞いに行かなかった**わけです。

　羽織と時計――併《しか》し本当を言えば、この二つが、W君と私とを遠ざけたようなものであった。これがなかったなら、私はもっと素直な自由な気持になって、時々W君を訪れることが出来たであろうと、今になって思われる。何故《なぜ》というに、私はこの二個の物品を持って居るので、常にW君から恩恵的債務を負うて居るように感ぜられたからである。この債務に対する自意識は、私をして不思議にW君の家の敷居を高く思わせた。而《しか》も不思議なことに、c私はW君よりも、彼の妻君《さいくん》の眼を恐れた。私が時計を帯にはさんで行くとする、『あの時計は、良人《うち》*11が世話して進《あ》げたのだ。』斯《こ》う妻君の眼が言う。私が羽織を着て行く、『ああの羽織は、良人が進げたのだ。』斯う妻君の眼が言う。もし二つとも身につけて行かないならば、『あの人は羽織や時計をどうしただろう。』斯う妻君の眼が言うように空想されるのであった。どうしてそんな考《かんがえ》が起るのか分《わか》らない。或《あるい》は私自身の中に、そういう卑しい邪推深い性情がある為であろう。が、いつでもW君を訪れようと思いつく毎に、妙にその厭《いや》な考が私を引き止めるのであった。そればかりではない、こうして無沙汰を続ければ続けるほど、私はW君の妻君に対して更に恐れを抱くのであった。

『○○さんて方は随分薄情な方ね、あれきり一度も来なさらない。こうして貴郎《あなた》が病気で寝て居らっしゃるのを知らないんでしょうか、見舞に一度も来て下さらない。』

斯う彼女が彼女の良人《おっと》に向《むか》って私を責めて居そうである。その言葉には、あんなに、羽織や時計などを進げたりして、こちらでは尽《つく》すだけのことは尽してあるのに、という意味を、彼女は含めて居るのである。

●●● 心情の根拠を捉えたら設問を解く ●●●

71行目にもう一度、傍線部Bの直前と同じように「羽織と時計――」とあります。このすぐ後の「この二つが、W君と私とを遠ざけたようなものであった。これがなかったなら、私はもっと素直な自由な気持になって、時々W君を訪れることが出来たであろう」に線を引いておきましょう。つまり、羽織と時計がもたらした重苦しさ、圧迫感によって、「私」は感謝しつつもW君のところに見舞いに行かなかったんです。次も線を引きましょう。「常にW君から恩恵的債務を負うて居るように感ぜられたからである」。これが理由ですね。この羽織と時計を見るたびに、W君から一方的に恩恵を受けてしまっているという気持ちになる。これが圧迫感、重苦しい感情です。

このように傍線部前後の客観的な心情、客観的根拠を捉えていきます。ここで、もう根拠を捉えたと思えば、問三を解いてみます。解けなかったら保留にしましょう。

問三 **傍線部B「何だかやましいような気恥しいような、訳のわからぬ一種の重苦しい感情」とあるが、それはどういうことか。その説明として最も適当なものを、次の①～⑤のうちから一つ選べ。**

① W君が手を尽くして贈ってくれた品物は、いずれも自分には到底釣り合わないほど立派な

ものに思え、自分を厚遇しようとするW君の熱意を過剰なものに感じてとまどっている。

② W君の見繕ってくれた羽織はもちろん、自ら希望した時計にも実はさしたる必要を感じていなかったのに、W君がその贈り物をするために評判を落としたことを、申し訳なくももったいなくも感じている。

③ W君が羽織を贈ってくれたことに味をしめ、続いて時計までも希望し、高価な品々をやすやすと手に入れてしまった欲の深さを恥じており、W君へ向けられた批判をそのまま自分にも向けられたものと受け取っている。

④ 立派な羽織と時計とによって一人前の体裁を取り繕うことができたものの、それらを自分の力では手に入れられなかったことを情けなく感じており、W君の厚意にも自分へ向けられた哀れみを感じ取っている。

⑤ 頼んだわけでもないのに自分のために奔走してくれるW君に対する周囲の批判を耳にするたびに、W君に対する申し訳なさを感じたが、同時にその厚意には見返りを期待する底意をも察知している。

●●● 解答に絶対の自信がないときは他の選択肢もチェック ●●●

傍線部Bの「何だかやましいような」、「重苦しい感情」とは何かというと、心理的な負担、負い目のことですね。ではそれを説明した選択肢はどれか。①「W君が手を尽くして贈ってくれた品物は、いずれも自分には到底釣り合わないほど立派なもの」であるのは、そのとおりですね。この羽織と時計は高価なものです。そして「自分を厚遇しようとするW君の熱意を過剰なものに感じてとまどっている」。どうですか？　圧迫感の説明になっていますね。好意には感謝しながらも、それが心理的な負担になっているわけです。そのことを述べているのが①ですね。**ここで自信をもってこれで正解だと断定できなければ、他の選択肢もチェックしておきましょう。**

②はどうでしょう。「自ら希望した時計にも実はさしたる必要を感じていなかった」。こんなことは本文に書いてありません。さらに「W君がその贈り物をするために評判を落としたこと」が負い目を感じた原因ではありません。よって②は×。

③は後半の「高価な品々をやすやすと手に入れてしまった欲の深さを恥じて」とは、どこにも書いていない。さらに、「W君へ向けられた批判をそのまま自分にも向けられたものと受け取って」は、まったく書かれていません。**必ず傍線部前後の心情を表す根拠も押さえておきましょう。**

次は④。最後の「W君の厚意にも自分へ向けられた哀れみを感じ取っている」。W君が自分を哀れんでいるとは書いていません。よって④も×です。⑤の最後「その厚意には見返りを期待する底意をも察知している」。W君が見返りを期待したとも、私がそれを察知したとも書いていない。②から⑤までは、どれも本文には書かれていません。したがって、①しか正解にはなりません。

このように傍線部を含む意味段落の中からしっかりと心情を表す根拠を捉えて、そこから解いていけば確実に正解できます。問題文を最後まで読んでから解くのではなく、その都度、設問があれば解いていった方が効率的で賢明です。

人物の心情を正確に把握する

ここまでの「私」の心情をまとめると、W君には感謝しているが、どこか精神的な負担、重苦しい感情があるため、なかなか寝たきりのW君の見舞いに行くことができずにいる、ということになります。

さて次です。76行目の傍線部C、「私はW君よりも、彼の妻君の眼を恐れた」とある。なぜ妻君の眼を恐れたのか。その心情を読み取りましょう。すると、こう書いてあります。「『あの時計は、良人が世話して進げたのだ。』斯う妻君の眼が言う」。あるいは『ああの羽織は、良人が進げたのだ』と。そして、「もし二つとも身につけて行かないならば、『あの人は羽織や時計をどうしただろう。』斯う妻君の眼が言うように空想される」とも書いてある。この次に線を引きましょう。「妙にその厭な考が私を引き止めるのであった」。さらに少し先の86行目には「あんなに、羽織や時計などを進げたりして、こちらでは尽すだけのことは尽してあるのに」ともあります。そして、そう考えるのは、自分自身の中に「卑しい邪推深い性情がある為」だと書いてあります。

ここで注意してほしいのは、W君の妻君が実際こう思ったのか、あるいは言ったのかといえば、そうではない。「私」が勝手に想像しているにすぎず、事実はどうなのかわかりません。つまり、「私」が頭の中で妻君がこう思うのではないかと邪推して、ますますW君の見舞いに行けないままだったのです。

問四

傍線部C「私はW君よりも、彼の妻君の眼を恐れた」とあるが、「私」が「妻君の眼」を気にするのはなぜか。その説明として最も適当なものを、次の①〜⑤のうちから一つ選べ。

①「私」に厚意をもって接してくれたW君が退社後に寝たきりで生活苦に陥っていることを考えると、見舞に駆けつけなくてはいけないと思う一方で、「私」の転職後はW君と久しく疎遠になってしまい、その間看病を続けた妻君に自分の冷たさを責められるのではないかと悩んでいるから。

② W君が退社した後慣れないパン菓子屋を始めるほど家計が苦しくなったことを知り、「私」が彼の恩義に酬いる番だと思う一方で、転職後にさほど家計も潤わずW君を経済的に助けられないことを考えると、W君を家庭で支える妻君には申し訳ないことをしていると感じているから。

③ 退職後に病で苦労しているW君のことを思うと、「私」に対するW君の恩義は一生忘れてはいけないと思う一方で、忙しい日常生活にかまけてW君のことをつい忘れてしまうふがいなさを感じたまま見舞に出かけると、妻君に偽善的な態度を指摘されるのではないかという怖さを感じているから。

④ 自分を友人として信頼し苦しい状況にあって頼りにもしているだろうW君のことを想像すると、見舞に行きたいという気持ちが募る一方で、かつてW君の示した厚意に酬いていないことを内心やましく思わざるを得ず、妻君の前では卑屈にへりくだらねばならないことを疎ましくも感じているから。

⑤ W君が「私」を立派な人間と評価してくれたことに感謝の気持ちを持っているため、W君の窮状を救いたいという思いが募る一方で、自分だけが幸せになっているのにW君を訪れなかったことを反省すればするほど、苦労する妻君には顔を合わせられないと悩んでいるから。

選択肢を客観的に分析する

では、問四を解いていきます。「『私』が『妻君の眼』を気にするのはなぜか」。選択肢を見ていきましょう。

まずは①の前半部分。「『私』に厚意をもって接してくれたW君が退社後に寝たきりで生活苦に陥っていることを考えると、見舞に駆けつけなくてはいけないと思う」。ここまではその通りですね。見舞いに駆けつけなくてはいけないと思っています。後半はどうか。「一方で、『私』の転職後はW君と久しく疎遠になってしまい、その間看病を続けた妻君に自分の冷たさを責められるのではないか」。これも合っています。自分の冷たさを責められるのではないかと勝手に邪推して気に病んでいました。ということで、①が正解です。

念のために他の選択肢を見ておきます。②の「『私』が彼の恩義に酬いる番だと思う」。これは少し表現が強いですね。お見舞いに行かなければ、とは書いてあっても、恩義に酬いる番だとまでは書いていません。さらに「転職後にさほど家計も潤わずW君を経済的に助けられない」とは書かれていません。**本文に書いていなければ、その選択肢は×です。**

③「『私』に対するW君の恩義は一生忘れてはいけないと思う」。これもちょっと大げさですね。感謝はしていますが、一生忘れてはいけない恩義とまでは書いてありません。さらに「W君のことをつ

い忘れてしまうふがいなさ」も違います。羽織と時計を見るたびにW君を思い出していましたから。さらに「妻君に偽善的な態度を指摘されるのではないか」もおかしい。私はW君に感謝してお見舞いに行きたいという純粋な気持ちでいるのだから、偽善的な態度ではありません。③も×です。

④は、まず「自分を友人として信頼し苦しい状況にあって頼りにもしているだろう」とは、書いてありません。本文中にW君の気持ちは一切書かれていません。この点にも注意しておきましょう。すべて、私が自分一人で思っていることであって、当然、W君が私を頼りにしているかどうかも書いてありませんね。さらに後半、「妻君の前では卑屈にへりくだらねばならない」とも、それが疎ましいとも書いてありません。

⑤「W君が『私』を立派な人間と評価してくれた」。こんなことは書かれていませんね。さらに「W君の窮状を救いたい」とも書いていない。さらに「自分だけが幸せになっているのに」もおかしい。私が今、幸せかどうかも書いていないですよね。このように小説問題は心情を表す部分、書かれている部分をしっかり押さえましょう。そこが答えの根拠になります。そして、本文に書かれていないことは全部×なんです。もしも「W君の窮状を救いたい」「自分だけが幸せになっている」を間違いではないと思ったとしたら、それは主観を入れて読んでいるからです。

そんなことを思うと迚《とて》も行く気にはなれなかった。こちらから出て行って、妻君のそういう考をなくする様に努めるよりも、私は逃げよう逃げようとした。私は何か偶然の機会で妻君なり従妹なりと、途中ででも遇わんことを願った。そうしたら、『W君はお変《かわ》りありませんか、相変らず元気で××社へ行っていらっしゃいますか？』としらばくれて尋ねる、すると、疾《と》うに社をやめ、病気で寝て居ると、相手の人は答えるに違いない。

『おやおや！　一寸《ちっと》も知りませんでした。それはいけませんね。どうぞよろしく言って下さい。近いうちに御《お》見舞に上りますから。』

こう言って分れよう。そしてそれから二三日置いて、何か手土産を、そうだ、かなり立派なものを持って見舞に行こう、そうするとそれから後は、心易《こころやす》く往来出来るだろう――。

そんなことを思いながら、三年四年と月日が流れるように経って行った。今年の新緑の頃、子供を連れて郊外へ散歩に行った時に、D私は少し遠廻りして、W君の家の前を通り、原っぱで子供に食べさせるのだからと妻に命じて、態《わざ》と其《そ》の店に餡《あん》パンを買わせたが、実はその折陰ながら家の様子を窺《うかが》い、うまく行けば、全く偶然の様に、妻君なり従妹なりに遇おうと

> いう微《かす》かな期待をもって居た為《た》めであった。私は電車の線路を挟んで向側《むかいがわ》の人道に立って店の様子をそれとなく注視して居たが、出て来た人は、妻君でも従妹でもなく、全く見知らぬ、下女《げじょ》*12の様な女だった。私は若《も》しや家が間違っては居ないか、または代《だい》が変ってでも居るのではないかと、屋根看板をよく注意して見たが、以前××社の人から聞いたと同じく、××堂W――とあった。たしかにW君の店に相違なかった。それ以来、私はまだ一度も其店の前を通ったこともなかった。

では、本文に戻りましょう。89行目「そんなことを思うと迚も行く気にはなれなかった。こちらから出て行って、妻君のそういう考をなくする様に努めるよりも、私は逃げよう逃げようとした。私は何か偶然の機会で妻君なり従妹なりと、途中ででも遇わんことを願った」。ここまで見てきたように、**自分からは見舞いに行きづらいんですね。だから偶然、W君の妻君か従妹と出会えたらいいのにと願います。**

そして96行目「こう言って分れよう。そしてそれから二三日置いて、何か手土産を、そうだ、かなり立派なものを持って見舞に行こう、そうするとそれから後は、心易く往来出来るだろう」とあります。見舞いに行きたい気持ちがずっとあるんですね。ただ、行きづらかっただけなんです。そんなことを思いながら三年、四年と月日が流れていきました。

さて、次です。「今年の新緑の頃、子供を連れて郊外へ散歩に行った時に、私は少し遠廻りして、W君の家の前を通り、原っぱで子供に食べさせるのだからと妻に命じて、態と其の店に餡パンを買わせた」。わざわざ遠回りしたのはなぜか。この後に書いてありますよ。「うまく行けば、全く偶然の様に、妻君なり従妹なりに遇おうという微かな期待をもって居た為めであった」。線を引いておきましょう。「～ため」とあるから理由ですね。これも同じですよね。偶然を装おうとしている。しかし、結局、会うことはありませんでした。

選択肢の「言いすぎ」に気をつける

問五 傍線部D「私は少し遠廻りして、W君の家の前を通り、原っぱで子供に食べさせるのだからと妻に命じて、態と其の店に餡パンを買わせた」とあるが、この「私」の行動の説明として最も適当なものを、次の①～⑤のうちから一つ選べ。

① W君の家族に対する罪悪感を募らせるあまり、自分たち家族の暮らし向きが好転したさまを見せることがためらわれて、かつてのような質素な生活を演出しようと作為的な振る舞いに及んでいる。

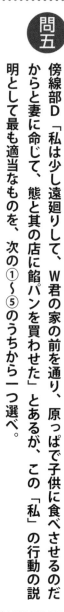

② W君と疎遠になってしまった後悔にさいなまれてはいるものの、それを妻に率直に打ち明け相談することも今更できず、逆にその悩みを悟られまいとして妻にまで虚勢を張るはめになっている。

③ 家族を犠牲にしてまで自分を厚遇してくれたW君に酬いるためのふさわしい方法がわからず、せめて店で買い物をすることによって、かつての厚意に少しでも応えることができればと考えている。

④ W君の家族との間柄がこじれてしまったことが気がかりでならず、どうにかしてその誤解を解こうとして稚拙な振る舞いに及ぶばかりか、身勝手な思いに事情を知らない自分の家族まで付き合わせている。

⑤ 偶然を装わなければW君と会えないとまで思っていたが、これまで事情を誤魔化してきたために、今更妻に本当のことを打ち明けることもできず、回りくどいやり方で様子を窺う機会を作ろうとしている。

では問五、傍線部Dの心情を捉えましょう。選択肢を見ていきましょうか。①「自分たち家族の暮らし向きが好転したさまを見せることがためらわれ」とは書いてありません。好転したとも書いてなければ、それを見せることをためらったとも書いていない。「かつてのような質素な生活を演出しよう」とも書いていませんね。質素な生活を演出しようと思ってパンを買いに行ったわけではないので、①は×です。

②は後半の「逆にその悩みを悟られまいとして妻にまで虚勢を張るはめ」がおかしいですね。「私」は妻には知られずに、偶然を装ってW君の妻君か従妹に会えたらと期待してパンを買いに行っただけで、妻に虚勢を張ったわけではありません。これも×です。

③「家族を犠牲にしてまで自分を厚遇してくれたW君」とありますが、家族を犠牲にしてまで厚遇してくれたとあるのは言いすぎです。また「せめて店で買い物をすることによって、かつての厚意に少しでも応えることができればと考えている」もおかしい。パンを買うことによって厚意に応えたいと思っているわけでもないし、パンを買ったら、そのお金で厚意に応えることができるとも思っていません。あくまで、パンを買うのは偶然、妻君もしくは従妹と会えるかもしれないという期待です。

④「W君の家族との間柄がこじれてしまった」が間違いです。実際にW君の家族とこじれたわけではなく、私が勝手に邪推して足が遠のいただけです。これも×です。

⑤「偶然を装わなければW君と会えないとまで思っていた」。ここは大事ですね。ずっと、偶然にもW君の妻あるいは従妹と会えないだろうかと思っていたわけです。「これまで事情を誤魔化してきたために、今更妻に本当のことを打ち明けることもできず」。これも合っています。妻に虚勢を張ったのではなく、妻には打ち明けることができなかったんです。だから、偶然を装って会うために、妻

には内緒で、わざわざ遠回りしてW君のお店にパンを買いに行く、つまり、「回りくどいやり方で様子を窺う機会を作ろうとしている」ということで矛盾点がないので、正解は⑤です。

問題形式に惑わされず、客観的に読む

問六 **次に示す【資料】は、この文章（加能作次郎「羽織と時計」）が発表された当時、新聞紙上に掲載された批評（評者は宮島新三郎、原文の仮名遣いを改めてある）の一部である。これを踏まえた上で、後の(i)・(ii)の問いに答えよ。**

【資料】

今までの氏は生活の種々相を様々な方面から多角的に描破[*1]して、其処《そこ》から或るものを浮き上《あが》らせようとした点があったし、又そうすることに依《よ》って作品の効果を強大にするという長所を示していたように思う。見た儘《まま》、有りの儘を刻明に描写する――其処に氏の有する大きな強味がある。由来[*2]氏はライフの一点だけを覘《ねら》って作をするという様な所謂《いわゆる》『小話《こばなし》』作家の面影は有《も》っていなかった。

それが『羽織と時計』になると、作者が本当の泣き笑いの悲痛な人生を描こうとしたものか、

それとも単に羽織と時計に伴う思い出を中心にして、ある一つの興味ある覘いを、否一つのおちを物語ってでもやろうとしたのか分《わか》らない程謂《い》う所の小話臭味の多過ぎた嫌いがある。若《も》し此《この》作品から小話臭味を取去《とり》ったら、即《すなわ》ち羽織と時計とに作者が関心し過ぎなかったら、そして飽くまでも『私』の見たW君の生活、W君の病気、それに伴う陰鬱な、悲惨な境遇を如実に描いたなら、一層感銘の深い作品になったろうと思われる。羽織と時計とに執し過ぎたことは*3、この作品をユーモラスなものにする助けとはなったが、作品の効果を増す力にはなって居ない。私は寧《むし》ろ忠実なる生活の再現者としての加能氏に多くの尊敬を払っている。

問六には、この小説に対する批評文を資料として掲載しています。決して難しい問題ではありませんから、見かけにだまされないようにしましょう。

この資料の批評ですが、作品に対して批判的な内容になっています。「今までの氏は生活の種々相を様々な方面から多角的に描破して、其処から或るものを浮き上らせようとした点があったし、又そうすることに依って作品の効果を強大にするという長所を示していたように思う」。こう言っています。生活のいろんなありようを書くとき、その生活を書くことが目的ではなくて、そこから何かを浮き上がらせて書き出すような手法であったと。

ところが、今回の作品はそうではない。「ライフの一点だけを覘って作をするというような所謂『小話』作家」のようだと言っているんですね。

「羽織と時計に伴う思い出を中心にして、ある一つの興味ある覘いを、否一つのおちを物語ってでもやろうとしたのか分らない程謂う所の小話臭味の多過ぎた嫌いがある」と。

この作品はW君から羽織と時計をもらったという、身辺の小さな話を小話のように書いただけであって、あるものを浮き上がらせるような点が見られない。これでは単なる羽織と時計の思い出話という小話でしかないというふうに批判しているわけですね。そうではなくて、『私』の見たW君の生活、W君の病気、それに伴う陰鬱な、悲惨な境遇」のような「悲惨な境遇を如実に描いたなら、一層感銘の深い作品になったろうと思われる」と言っています。

問六 (i) **【資料】の二重傍線部に「羽織と時計とに執し過ぎたことは、この作品をユーモラスなものにする助けとはなったが、作品の効果を増す力にはなって居ない」とあるが、それはどのようなことか。評者の意見の説明として最も適当なものを、次の①～④のうちから一つ選べ。**

① 多くの挿話からW君の姿を浮かび上がらせようとして、W君の描き方に予期せぬぶれが生じている。

② 実際の出来事を忠実に再現しようと意識しすぎた結果、W君の悲痛な思いに寄り添えてい

ない。

③　強い印象を残した思い出の品への愛着が強かったために、W君の一面だけを取り上げ美化している。

④　挿話の巧みなまとまりにこだわったため、W君の生活や境遇の描き方が断片的なものになっている。

さて、問六の(i)です。先ほど読んだ資料の内容をもとに、選択肢を見ていきましょう。①「多くの挿話からW君の姿を浮かび上がらせようとして」。多くの挿話というのは、従来のこの作者の作風であって、今回の作品に限ってのことではありません。さらに「W君の描き方に予期せぬぶれが生じ」たとも書かれていませんね。①は×です。

②「実際の出来事を忠実に再現」は、「生活の種々相を様々な方面から多角的に描破」するという、これまでの彼の作品の特徴です。③は最後に「W君の一面だけを取り上げ美化している」とありますが、W君を美化していないですよね。よって②、③はともに×です。

④「挿話の巧みなまとまりにこだわったため、W君の生活や境遇の描き方が断片的なものになっている」。小話になっているという批判でしたね。羽織と時計という小さな話としてまとまったために、W君の病気や悲惨な境遇を描けていないと言っているので、④が正解です。

問六

(ii) 【資料】の評者が着目する「羽織と時計」は、表題に用いられるほかに、「羽織と時計――」という表現として本文中にも用いられている（57行目、71行目）。この繰り返しに注目し、評者とは異なる見解を提示した内容として最も適当なものを、次の①～④のうちから一つ選べ。

① 「羽織と時計――」という表現がそれぞれ異なる状況において自問自答のように繰り返されることで、かつてのようにはW君を信頼できなくなっていく「私」の動揺が描かれることを重視すべきだ。

② 複雑な人間関係に耐えられず生活の破綻を招いてしまったW君のつたなさが、「羽織と時計――」という余韻を含んだ表現で哀惜の思いをこめて回顧されていることを重視すべきだ。

③ 「私」の境遇の変化にかかわらず繰り返し用いられる「羽織と時計――」という表現が、好意をもって接していた「私」に必死で応えようとするW君の思いの純粋さを想起させることを重視すべきだ。

④ 「羽織と時計――」という表現の繰り返しによって、W君の厚意が皮肉にも自分をかえって遠ざけることになった経緯について、「私」が切ない心中を吐露していることを重視すべきだ。

最後の問題です。問六の(ii)ですけれども、設問は「羽織と時計――」の繰り返しに注目して評者とは異なる見解を提示した内容を選べというものです。ということは、逆にこの作品を評価するものを選んだらいいんですね。では選択肢を見ていきましょう。

①は後半に「W君を信頼できなくなっていく『私』の動揺」とありますが、これは書かれていませんね。W君に感謝しながらも重苦しいものを感じて足が遠のいたのであって、信頼できなくなったわけではありません。

②「複雑な人間関係に耐えられず生活の破綻を招いてしまったW君」。これもおかしいです。そんな複雑な人間関係は書かれていませんでしたし、それに耐えられなくて生活の破綻を招いたとも書かれていません。生活が苦しくなったのはW君の病気のせいでした。

③は後半に「必死で応えようとするW君の思いの純粋さを想起させることを重視すべきだ」とある。W君は必死で応えようとはしていなかったし、思いが純粋かどうかっていうことも書いてないから、これもおかしい。

④「『羽織と時計――』という表現の繰り返しによって、W君の厚意が皮肉にも自分をかえって遠ざけることになった経緯」とある。まず「羽織と時計――」の繰り返しに着目するのでしたね。羽織と時計、この二つはW君からもらったもので、彼の好意を表しているものです。ところが、それを重たく感じたがゆえに、私とW君の間は遠のいてしまったわけです。「羽織と時計――」の繰り返しは、

それについて「私」が切ない心中を吐露していることを表現しているのです。これは文句なしですね。④が正解です。

語句の意味を問う問題も本文を根拠に答える

問一

傍線部ア～ウの本文中における意味として最も適当なものを、次の各群の①～⑤のうちから、それぞれ一つずつ選べ。

ア　術もなかった

① 理由もなかった
② 手立てもなかった
③ 義理もなかった
④ 気持ちもなかった
⑤ はずもなかった

イ　言いはぐれて

①　言う必要を感じないで
②　言う機会を逃して
③　言うのを忘れて
④　言う気になれなくて
⑤　言うべきでないと思って

ウ　足が遠くなった

①　訪れることがなくなった
②　時間がかかるようになった
③　会う理由がなくなった
④　行き来が不便になった
⑤　思い出さなくなった

さて、問一の語句の問題をやっておきましょう。このような語句の意味の問題で意外と多い質問が、辞書的な意味で答えた方がいいのか、文脈から捉えた方がいいのか、どちらか迷ってしまうというものです。

しかし、辞書的な意味を答えるのか、文脈から捉えて意味を答えるのかという、この発想自体が間違っています。**作者がその語句を辞書的な意味で使っていれば、それが答えになるし、辞書の意味を超えて、特別な意味で使っているときは、文脈から意味を推測しなきゃダメです。**

これは出題者の立場に立って考えればわかると思います。例えば、テストの中に必ず三つ、語句の問題を作ることが決められているとします。辞書的な意味で大事だというものもあれば、特別な意味で使っているから出題したいものもあるでしょう。だから、辞書的な意味が三つだとは限りません。ときには辞書的な意味が一つで、特別な意味が二つかもしれません。ただし、慣用表現は決まった使い方だから、辞書的な意味が答えになります。逆に、簡単な言葉が出題されているときは、文脈から判断しなければならないことが多い。このように考えてください。いずれにしても、**本文の中でどのような意味で使われているかを答えれば正解できます。**そのためには前後の文脈から根拠を押さえるように意識しましょう。

正解を言っておきましょうか。**ア**の「術」は、ここでは「すべ」と読みますね。「術もなかった」とは手段、方法がないということだから、②「手立てもなかった」が正解です。**イ**「言いはぐれて」は、「言う機会を逃す」なので、答えは②。**ウ**の「足が遠くなった」は、一般的にいえば「足が遠のく」ですね。ということで①の「訪れることがなくなった」が正解です。

解答

問一　ア②　イ②　ウ①（各3点）
問二　③（6点）
問三　①（7点）
問四　①（8点）
問五　⑤（8点）
問六　(i)④（6点）
　　　(ii)④（6点）

第5講 『中庸』

小林秀雄

●目標得点 30点

問題 ▶ P.56

本講のねらい

最後は難問に挑戦しましょう。それと同時に、記述問題の解き方を学びます。書くべきポイントを数え上げて、どのように解答を作成するのか、要約問題、説明問題の解法を習得しましょう。

●●● 論理を意識して読む ●●●

最後の講義は小林秀雄の「中庸」です。これは多くの受験生がほとんど点を取れないのではないかと思うくらいに難しい問題です。語句の問題を除くとすべて記述式問題で、おそらく皆さんの中にも、どう解けばよいのか、どう書けばよいのかわからないと、途方に暮れた人もたくさんいたと思います。ですから、自力で解けなかったとしても、この解説を読んで理解できたら十分です。きちんと論理を追うことを意識し続ければ、やがて必ず解けるようになるので、しっかり読んでください。

この問題ですが、**大事なことが二つ**あります。まず、論理を意識して読むこと。この文章の**対立関**

係を捉えることが大事です。そしてもう一つ、本格的な記述式問題は何となく答えを書くのではなく、しっかりと書くべきポイントを数えて答えを書くこと。これが大切です。

記述式問題の答え方

記述式問題を解くときは、必ず本文から**答えの根拠になるポイントを探します**。そして、ある問題にポイントが三つあるとしたら、それを頭に置いて答えを書く。そして「三つのポイントをこのようにまとめて答案を作成しました」と人に説明できるようになること。このような練習を繰り返すと、**部分点が取れるようになる**し、もし間違っても、なぜ自分が間違ったかということがわかるから、成績が伸びてきます。

日和見主義者とは

さて、今回の文章の筆者は小林秀雄。名前を聞いたことはありますね？ まさに知の巨人といわれる人で、戦後最大の評論家、批評家ともいわれています。ところが、入試問題に小林秀雄の文章が出ると、たいてい平均点ががたっと落ちるんです。非常に論理的な文章なので、論理をしっかり追っていけば読めないはずはないのですが、小林秀雄が若いときに詩人であったせいか、どこか詩的な表現をすることがある。それに惑わされて論理を見失って、何が書いてあるかわからなくなってしまうことが多いようです。そこに気をつけて、しっかり論理を追うことに集中しましょう。

　左翼でなければ右翼、進歩主義でなければ反動主義、平和派でなければ好戦派、どつちとも付かぬ意見を抱いてゐる様な者は、日和見《ひよりみ》主義者と言つて、ものの役には立たぬ連中である。さういふ考へ方を、現代の政治主義ははやらせてゐる。もつとも、これを、考へ方と称すべきかどうかは、甚だ疑はしい。何故《なぜ》かと言ふと、さういふ考へ方は、凡《およ》そ人間の考へ方の自律性といふものに対するひどいアブベツを含んでゐるからである。現代の政治が、ものの考へ方など、権力行為といふ獣を養ふ食糧位にしか考へてゐないことは、イシュウモクの見るところである。

では問題文を読んでいきましょう。冒頭、「どつちとも付かぬ意見を抱いてゐる様な者は、日和見主義者と言つて、ものの役には立たぬ連中である」と言っています。**話題は**「**日和見主義者**」ですね。「日和見主義」という言葉をチェックしましょう。日和見主義とは、どっちに付こうか、自分の都合のよい方へと世の流れをじっと見ることですね。こういった人が日和見主義者で、筆者はこれを、ものの役には立たぬ連中と、ばっさり切っています。そして、そういう考え方を現代の政治主義ははやらせている、とも言っている。政治家たちは、日和見主義者が好きなんです。本音で言うと、国民みんなが自分でものを考えないで、日和見をしてくれるといいと思っているのかもしれません。

なぜ日和見主義者がものの役には立たないのか。次に線を引きましょう。「さういふ考へ方は、凡そ人間の考へ方の自律性といふものに対するひどいブベツを含んでゐるからである」。言い方は難しいかもしれませんが、考え方の自律性とは、自分で考えることですね。**日和見主義者は自分でものを考えないで、ただ傍観している。**つまり、世の流れを見て大勢に乗ろうと思っている。こういった考え方は、**自分で考えることに対する侮蔑だ**と筆者は言っているのです。そして、**政治はそれをはやらせていると。現代の政治は、**ものの考え方など、権力行為という獣を養う食糧くらいにしか考えていないんだと書いていますね。

●●● 孔子の生きた時代と「中庸」の考え方 ●●●

昔、孔子が、中庸の徳を説いたことは、誰も知るところだが、彼が生きた時代もまた、政治的に紛乱した恐るべき時代であつたことを念頭に置いて考へなければ、中庸などといふ言葉は死語であると思ふ。おそらく、彼は、[1]行動が思想を食ひ散らす様を、到るところに見たであらう。行動を[ウ]チョウハツし易いあらゆる極端な考へ方の横行するのを見たであらう。行動主義、政治主義の風潮の唯《ただ》中で、いかにして精神の権威を打《う》立《ち》てようかと悩んだであらう。その悩ましい思索の中核に、自ら中庸といふ観念の生れて来るのを認めた、さういふ風に、私には想像される。さういふ風に想像しつゝ、彼の言葉を読むと、まさにさういふ風にしか、中庸といふ言葉は書かれてはゐないことが解《わか》る。

中庸を説く孔子の言葉は、大変烈《はげ》しいものであつて、[a]所謂中庸を得たものの言ひ方などしてはゐないのである。

[2]「天下國家モ均《ひと》シクス可《べ》シ、爵禄《しゃくろく》モ辭《じ》ス可シ、白刃モ踏ム可シ、中庸ハ能《よ》クス可カラザルナリ」

つまり、中庸といふ実践的な智慧《ちえ》を得るといふ事に比べれば、何も彼も皆易しいことだと言ふのである。何故、彼にはこんな言ひ方が必要だつたのだらうか。無論、彼の言ふ中庸とは、両端にある考へ方の間に、正しい中間的真理があるといふやうな、簡単な考へではなかつたのであつて、上のやうな言ひ方は、彼が考へ抜いた果てに到達した思想が、いかに表現し難いものであつたかを示す。様々な種類の正しいと信じられた思想があり、その中で最上と判定するものを選ぶことなどが問題なのではない。凡そ正しく考へるといふ人間の能力自体の絶対的な価値の救助とか、回復とかが目指されてゐるのだ。さういふ希《こいねが》ひが中庸と名付けられてゐるのである。彼の逆説的な表現は、この希ひを示す。私はさう思ふ。

次に、**孔子の「中庸」**について述べています。孔子の「中庸」という考え方は聞いたことはあると思いますが、皆さんはどんなイメージを持っていますか？　右でも左でもなく、その中間に真理があるというような、どちらかといえば穏健な考え方だと思っているかもしれません。ところが、そうではないんですね。8行目「彼が生きた時代もまた、政治的に紛乱した恐るべき時代であつた」。ここで「彼が生きた時代もまた」をチェック。**孔子が生きたのは中国の戦国時代**です。まさに世の中が混乱した時代でした。そこに孔子が登場して、中庸の徳を説いたわけですね。

では、中庸とは何かというと、ちょっと先にこう書いてあります。24行目「様々な種類の正しいと信じられた思想があり、その中で最上と判定するものを選ぶことなどが問題なのではない」。次、線を引きましょう。「凡そ正しく考へるといふ人間の能力自体の絶対的な価値の救助とか、回復とかが目指されてゐるのだ。さういふ希ひが中庸と名付けられてゐる」。

ここで「あっ」と気づきませんでしたか？　対立関係ですね、わかりますか。日和見主義者は、ものの役には立たないと筆者は否定しました。しかも、政治がこれをはやらせていると言っていました。日和見主義者は、自分でものを考えない。考え方の自立性に対する侮蔑だ、とまで言っていました。

これに対して、中庸は「正しく考へるといふ人間の能力自体の絶対的な価値の救助とか、回復」とあります。ここで「回復」という言葉を使うのはなぜかというと、孔子の生きた時代も、大多数が日和見主義者で、自分でものを考えなかった。だから、そこから人間を救い出そうとして、孔子はその願いを中庸と名付けたのではないでしょうか。孔子が生きた時代も、この文章が書かれた頃と同じだったということですね。

本文から根拠を探して言い換える

問三　傍線部1を三十字以内で説明せよ。

ここで問三をやっておきます。傍線部1「行動が思想を食ひ散らす」を説明せよ、ということですね。難しい問題ですが、必ず文中に根拠がありますから、本文をしっかり読んで考えていきましょう。まずは傍線部を吟味します。「行動」とは何か、「思想」とは何か、具体的に何を指すのか。そして、どうして「食ひ散らす」という言い方をしているのか。行動が「獣」で、口を持っているみたいな言い方ですよね。しかし、突然に「食ひ散らす」という表現が出てくることはない。そこで本文から、なぜ「食う」という表現を使ったのかを吟味します。すると5行目「現代の政治が、ものの考へ方など、権力行為といふ獣を養ふ食糧位にしか考へてゐない」とある。ここですね。「食糧」とあるから、「食う」という表現にしたんです。ここを押さえずに、自分で勝手に想像して答えを書いてはダメですよ。すると、「行動」とは権力行為のことです。権力とは獣ですから「食う」のですね。そうなると、食糧とは「思想」のことだとわかります。

答案を書くときは、まず「行動」を権力行為に言い換えることがポイントです。「食ひ散らす」も一般的な言い方に換えます。これは自分で表現を考えましょう。では、食い散らすとはどういうことでしょう。「ものの考へ方など、権力行為といふ獣を養ふ食糧」とありましたね。権力行為が獣で、ものの考え方は食糧です。つまり、権力行為は思想を食べてどんどん太っていくわけです。それは思想を利用するってことではないですか。思想を利用してどんどん太る。権力行為がより巨大なものになっていくわけです。そこを押さえて、あとは自分の言葉で表現します。「権力行為とは権力拡大のために思想を利用するものだということ」。このようなことが書けていれば正解です。

●●● 昭和二七年という時代とは ●●●

さて、8行目の「彼が生きた時代もまた」をチェックしたのは、小林秀雄がこの文章を書いた時代と、孔子が生きた時代に共通点があったからです。この文章が書かれたのは実は昭和二七年です。孔子が生きた時代は戦乱の世の中でした。では小林秀雄がこれを書いた昭和二七年はどんな時代だったのか。昭和二〇年に日本は戦争に負けました。そこから七年、まだ戦後の混乱期が続いています。そのときに、なぜこんな文章を書いたのか、ぜひ考えてみてください。

どうして政治は日和見主義者が好きなのでしょう。それは、日和見主義者が多い方が世の中は安定するからです。日和見主義者は常に世の流れを見て勝ち馬に乗ろうとしますね。そして、権力が強ければそれに追随します。すると、結果的に世の中は変わらず安定する。だから、**権力者が力を維持するためには、日和見主義者を増やせば増やすほどいいわけです。**

ところが反対の勢力が現れ、右から左へ、あるいは左から右へと、どちらかにバランスが崩れて流れが変わった瞬間に、世の中は大混乱に陥ります。**大多数の日和見主義者が一斉にそちらの方に乗っかるからですね。**日本では大正デモクラシーがあって、突然に共産主義の考えが広まりました。ところが、すぐに軍国主義になり戦争が起こった。そして昭和二〇年、戦争が終わったらいきなり民主主義の世の中になりました。

世界の例を見ても、フランス革命やロシア革命、辛亥革命など、大きな革命が起こると必ずその後は大混乱が起きて、多くの人命が奪われました。

では、**何が問題だったのかというと、日和見主義者が多かったからです**。彼らは自分でものを考えないで、ちょっと流れが変わると一斉にそれに乗ってしまう。その結果、世の中には混乱が起こる。そして、権力者は思想を獣の食糧くらいにしか考えていない。昭和二七年、小林秀雄はそういった状況に絶望して、この文章を書いたのではないでしょうか。そして、同じく戦乱の世に生きた孔子の「中庸」の言葉を引用したのではないか。このように考えると、中庸を説く孔子の言葉が「烈しいもの」であることもわかると思います。

中庸を貫くこととは

では、本文に戻りましょう。

孔子の説いた中庸とは、考え方の自律性の救助と回復、つまり、自分の頭でしっかり考えなさいということでした。一人ひとりが自分で考えたなら、世の中が極端な方向に流れることはないはずです。ところが何も考えない日和見主義者が大多数だと、一斉に流れに乗るから世の中は混乱するんですね。

問四

傍線部2について、次の⑴・⑵の問いに答えよ。
⑴ 平易な現代語に改めよ（八十字以内）。
⑵ この表現がなぜ逆説であるのかを六十字以内で説明せよ。

この問四は、中庸について答えるものです。⑵がとても難しい問題ですね。⑴の現代語訳はそれほど難しくないと思います。もし漢文の書き下し文がよくわからなくても、傍線部の直後に「つまり」があるので、これをチェック。「つまり」の後は前の部分の言い換えですから、傍線部2の内容をここでまとめてくれています。「中庸といふ実践的な智慧を得るといふ事に比べれば、何も彼も皆易しいことだ」ですね。つまり、「中庸を貫くことに比べれば、どれも簡単なことだ」もしくは、「中庸を貫くことがいちばん難しいことなのだ」です。これで、書き下し文がわからなくても半分は得点できます。

では、前半の「天下國家モ均シクス可シ、爵祿モ辭ス可シ、白刃モ踏ム可シ」は何かというと、これはある意味で具体例のようなものです。具体例を三つ挙げていると思えばいい。すると、傍線部全体の意味としては、「三つの例と比べても、中庸を貫くことは難しい」あるいは「三つの例といえども、中庸を貫くことに比べれば何も難しいことはない」となります。

全体がわかったので、この三つの例を現代語に訳します。もしうまく書けなくても、傍線部2の論旨とは関係ないので大きな減点はないでしょう。

「天下國家モ均シクス可シ」とは、国を平穏に治めること。「爵祿モ辭ス可シ」の「爵」とは公爵とか男爵などの位、「祿」は禄高の禄ですから、高い地位や収入を辞退すること。「白刃ヲ踏ム」の白刃とは刀のことで、刀を踏むことも辞さない勇気を持つことです。つまり、「天下国家を平穏に治めることも、高い地位や収入を辞退することも、勇気を持つことも、中庸を貫くことに比べれば、何もかもそう難しいことではない」と書けていれば正解です。

●●● 逆説を使って説明する ●●●

さて、(2)です。設問は「この表現がなぜ逆説であるのかを説明せよ」ですね。これをどう書けばよいのか。まず、逆説とは何か。言い換えるとパラドックスです。パラドックスとは「一般に正しいと思われていることとは反対のことがらを挙げて、実は反対の方が正しいことを表す表現方法」です。これでは難しいので、具体例を一つ覚えておきましょう。「急がば回れ」、これですね。急ぐときは近道をするのが正しいと思われています。急いでいるときに回り道しようとはしません。でも、よく考えてみると、慌てるよりも慎重にやった方が、かえって早くできるという真実を表している。これが逆説、パラドックスです。なぜ逆説を使うのかというと、急いでいるときに回り道をせよと言われると、「えっ」と驚きますね。このように言うと、かえってその真実が印象に残る、そのような効果があるわけです。

では、傍線部はどうだったかというと、まず先ほどの三つの例がありました。国を平穏に治めること、高い地位や収入を辞退すること、勇気を持つことですね。**なぜ、この三つを挙げているのかというと、誰もがとても難しいと思うことだからです。これに対して、中庸なんて簡単だとみんな思っているわけです。**それなのに中庸の方が難しいということは、一般に正しいと考えられることとは逆のことを言っているのですが、孔子の説では、実はこちらの方が真実なのです。このことをまとめるといいですね。解答例として「一般人が最も難しいと感じる例を挙げ、中庸がそれより易しいと見えて、実は最も困難なものだと説明しているから」としておきます。

君主の中庸と日和見主義者との違い

ところで、彼が、君子の中庸と、小人の中庸とを区別して記してゐるのは興味あることだ。君子の中庸は「時ニ中ス」と言ひ、小人の中庸は「b忌憚ナシ」と言ふ。こんなことは空想家には言へないのである。中庸といふ過不及のない、変《かわ》らぬ精神の尺度を、人は持たねばならない、といふ様な事を孔子は言つてゐるのではない。いつも過不及があり、いつも変つてゐる現実に即して、自在に誤たず判断する精神の活動を言つてゐるのだ。さういふ生活の智慧は、君子の特権ではない。誠意と努力とさへあれば、誰にでも一様に開かれてゐる道だ。たゞ、この智慧の深さだけが問題なのである。君子の中庸は、事に臨み、変に応じて、命中するが、さういふ判断の自在を得る事は難《むず》かしく、小人の浅薄な中庸は、一見自由に見えて、実は c 無定見に過ぎない事が多い。考へに自己の内的動機を欠いてゐるが為《ため》に、却《かえ》つて自由に考へてゐる様な恰好《かっこう》にも見える。つまり「忌憚なし」である。

さて、孔子のいう中庸、つまり自分でものを考えることと、日和見、自分でものを考えないで大勢に従うことは**対立関係**です。そして、30行目「ところで、彼が、君子の中庸と、小人の中庸とを区別**して記してゐるのは**興味あることだ」とあって、**ここでまた対立関係が出てきます**。中庸には二通りあると孔子は言っていますね。君子の中庸と小人の中庸。これが問六です。

問六　**「日和見主義」と「君子の中庸」との根本的な違いを、全体の論旨をふまえながら、一〇〇字以内で説明せよ。**

問題を読んで「あれ？」と思った人が多いと思いますが、**ここはちょっと引っかけになっています。**問六は、**日和見主義と君子の中庸との違いですね。**これに対して、30行目には君子の中庸と小人の中庸と書いてある。君子の中庸と日和見主義の違いとは書いていない。実は、これが引っかけで、「**日和見主義＝小人の中庸**」なんです。これに気づくことが大切ですね。これがわかれば、30行目以降に書かれた君子の中庸と小人の中庸との違いをまとめると答えになります。

では、どう違うのか。いちばんの違いは、**君子の中庸とは自分でものを考えること**、考え方の自律性を回復すること。これに対して、**小人の中庸は自分でものを考えない、日和見主義**である。これが根本的な違いです。しかしこれだけだと一〇〇字にならないので、もう少し見ていきましょう。

32行目、「中庸といふ過不及のない、変らぬ精神の尺度を、人は持たねばならない、といふ様な事を孔子は言つてゐるのではない」。これはわかりますよね。私たちが思うような中庸、つまり、左右や両極の真ん中という変わることのない尺度を持てと孔子は言っているわけではないと。そうではなくて、「いつも過不及があり、いつも変つてゐる現実に即して、自在に誤たず判断する精神の活動を言つてゐる」のです。ここの「自在に誤たず判断する精神の活動を言つてゐる」をチェックしましょう。これが君子の中庸です。つまり、現実は絶えず変化する。だから、**変わらぬ尺度を持つのではなく、絶えず変化する現実に対応して、自分で考えてその状況に応じて判断する**、こういった能力が君子の中庸だということです。そして、この能力は、35行目「君子の特権ではない。誠意と努力とさへあれば、誰にでも一様に開かれてゐる道だ」と言っています。次の「智慧の深さだけが問題」をチェック。誰にでも開かれている道ですが、智慧を深いものにする必要があるんですね。

ということで、君子の中庸を、ポイントを数えながらまとめますよ。一つ目は、自分でものを考えることができる。二つ目が、絶えず変化する現実に柔軟に対応できる。三つ目が、深い智慧を持っている。これが君子の中庸です。

これに対して小人の中庸とは何か。君子とは反対なので、自分でものを考えることができない。あるいは、考え方の自律性を欠いている。さらに38行目に「無定見」、「考へに自己の内的動機を欠いてゐる」とあるので、これも答えに入れるとよいでしょう。定見がなく、考えに自己の内的動機を欠いているのが小人の中庸ですね。

ただし、あくまで答えるのは、日和見主義と君子の中庸との違いなので、「日和見主義＝小人の中庸」であるということを書かないとダメですよ。その上でこのようなポイントをまとめて書けばよいでしょう。

読解のルール

対比…自分の主張と反対の主張とを比べることで、主張をより明確にすること。

孔子の説教とは

孔子は一生涯、d倦まず説教し通したが、説教者の特権を頼む事の最も少かつた人である。遂《つい》に事成らず窮死したが、「君子固ヨリ窮ス」と嘆いただけで、殉教者のエカンショウの如《ごと》きものは、全く見られない。深い信仰を持つてゐたが、預言者めいたところは少しもなかつた。それどころか、彼の智慧には常に健全な懐疑の裏打ちがあつたやうに思はれる。彼は、だれの心のうちにも、預言者と宣伝家とがひそんでをり、これが表に現れて生長すると、世の中にはろくなことは起《おこ》らぬことをオカンパしてゐたやうである。真理の名の下に、どうあつても人々を説得したい、肯じない者は殺してもいゝ、場合によつては自分が殺されてもいゝ。あゝ、3何たる狂人どもか。そこに、孔子の中庸といふ思想の発想の根拠があつた様に、私には思はれる。

無論、私は説教などしてゐるのではない。二千余年も前に志を得ずして死んだ人間の言葉の不滅を思ひ、併せて人間のカアングの不滅を思ひ、不思議の感をなしてゐるのである。

次にいきましょう。40行目、「孔子は一生涯、倦まず説教し通したが、説教者の特権を頼む事の最も少かつた人」とある。孔子は、普通の説教者とは違ったんですね。絶えず説教はしたけれども、説教者の特権を頼むことが最も少なかったとあります。**説教者の特権とは何かというと、これが正しいことだと教え込むこと**でしょう。「これが正しい、これが真実だ、あちらは間違っている」と相手に教え、説教する。ところが孔子はそうしなかったんですね。なぜだかわかりますか？ 自分で考えなさい、ということでしょう。そして、**絶対に正しい答えなんてない**んだと。43行目にこうあります。「彼の智慧には常に健全な懐疑の裏打ちがあつたやうに思はれる」。世の中は絶えず変化するから、どんな場合にも通用するような正しい答えはない。君子の中庸とは、**そのときに応じて深い智慧で判断できること**でした。その智慧には常に健全な懐疑があるんですね。だから、これだけが正しい答えだと説教することがなかったわけです。

こうして見ると、孔子の「中庸」の考えは、これからの時代にぴったりじゃないかと私は思うんです。これまでの学校の勉強とは、教科書に答えが書いてある、あるいは先生が答えを教えてくれるというものでした。その答えを疑うことなく記憶すればいい。このような教育が中心でした。しかし、これからは答えが一つとは限らない問題や、自分で答えを探す問題に対処できなければならない時代になっていきます。このときに深い知慧をもって、変化する時代に自在に対応できる、つまり、誤たず判断できる君子の中庸が必要になってくるのかもしれません。だから、孔子も自分で考えなさいと言ったんです。

預言者と宣伝家の狂気

さて44行目、「彼は、だれの心のうちにも、預言者と宣伝家とがひそんでをり、これが表に現れて生長すると、世の中にはろくなことは起らぬことをカンパしてゐたやうである。真理の名の下に、どうあつても人々を説得したい、肯じない者は殺してもいゝ、場合によつては自分が殺されてもいゝ。あゝ、何たる狂人どもか」とあります。ここもちょっと難しかったかもしれませんね。

問五

傍線部3の部分で、筆者は、「狂人」という言葉をどのような意味で使っているか。五十字以内で説明せよ。

傍線部3、問五です。『「狂人」という言葉をどのような意味で使っているか」。ここでは「狂人」という言葉を特別な意味で使っています。**このような場合は文脈をつかまえていけばいいのです。**すると、「真理の名の下に、どうあつても人々を説得したい、肯じない者は殺してもいゝ」「自分が殺されてもいゝ」とあって、こういった人のことを狂人と言っているとわかります。つまり、真理の名の下に**説得しようとする人、これが狂人**です。孔子は正しい答えなどないと言って、説教の押しつけもしなかったから、まるで反対ですね。そして44行目に「だれの心のうちにも、預言者と宣伝家とがひそんでをり、これが表に現れて生長すると、世の中にはろくなことは起らぬ」とありましたね。つまり、預言者と宣伝家が生長すると狂人になるんですね。預言者っていうのは、自分が真実を知っていると思い込む人でしょう。宣伝家は、それを人に教えて説得しようとする人ですね。恐ろしいことに、これは誰の心のうちにもあると。

まとめると、狂人とは自分だけが真実を知っている、あるいは自分の思想を絶対と信じ込む人で、さらに宣伝家でもあるから、それを真理の名の下に人を説得しようとする人です。この二つのポイントを押さえれば答えになります。設問には五十字以内とあるので、字数が足りないときは、「変動する現実に対応ができず」「懐疑の裏打ちがなく」などの言葉を付け加えておけばいいでしょう。

小林秀雄が見たものとは

そして、小林秀雄も狂人を見たんです。軍国主義になって、みんなが「お国のために」と言って、それを正しいと思い込みました。大多数の日本人が戦争を正しいと信じたのでしょう。だから、「正義のために」「平和のために」と言って戦地に行って敵と戦い、場合によっては、自分が死んでもかまわないと思ったのではないでしょうか。ふと気がつくと、日本中が狂人だったんですね。そして、戦争が終わると、一転して今度は「民主主義だ」、「アメリカだ」と言いだした。民主主義やアメリカこそが正しいもので、そうではないと考える人を説得しようとする。**昭和二七年、小林秀雄はこのような世の中を見て、絶望してこの文章を書いたんです。**

本文の最後を見てください。「無論、私は説教などしてゐるのではない」。説教をするのではない、孔子が言ったように自分の頭で考えなさいと言っているんですね。そして、「二千余年も前に志を得ずして死んだ人間の言葉の不滅を思ひ、併せて人間のアングの不滅を思ひ、不思議の感をなしてゐるのである」と。**二千年前に死んだ孔子の言葉は、今も通用する、裏を返せば、それくらい人間の愚かさっていうのは変わっていない**ということです。

今の世の中だって、決して変わったとはいえません。むしろインターネットがこれだけ発達した結果、これまでとは違う形で預言者や宣伝家が増える可能性もあります。そういった意味でも、とても示唆に富んだ文章だったのではないでしょうか。

解答

問一　ア　侮蔑　イ　衆目　ウ　挑発　エ　感傷　オ　看破　カ　暗愚
（各1点）

問二　a　いわゆる　b　きたん　c　むていけん　d　う（まず）
（各1点）

問三　権力行為とは権力拡大のために思想を利用するものだということ。（30字）
（8点）

問四　(1)　天下国家を平穏に治めることも、高い地位や収入を辞退することも、勇気を持つことも、中庸を貫くことに比べれば、何もかもそう難しいことではない。（69字）

(2)　一般人が最も難しいと感じる例を挙げ、中庸がそれより易しいと見えて、実は最も困難なものだと説明しているから。（53字）（各6点）

問五　変動する現実に対応ができず、自分の思想を絶対と信じ込み、真理の名の下

に説得しようとする人。（45字）（8点）

問六　「日和見主義」は考え方の自立性を欠き、定見も内的動機もなく現実に流されるだけの「小人の中庸」であり、自分でものを考え、変化する現実に柔軟に対応し、深い知恵を持つものが「君子の中庸」である。（94字）（12点）

※講義において問一、問二の解説はしていません。

5『中庸』 小林秀雄

出口 汪
Hiroshi Deguchi

関西学院大学大学院文学研究科博士課程単位取得退学。広島女学院大学客員教授、出口式みらい学習教室主宰、（一般財団法人）基礎力財団評議員。現代文講師として、入試問題を「論理」で読解するスタイルに先鞭をつけ、受験生から絶大なる支持を得る。そして、論理力を養成する画期的なプログラム「論理エンジン」を開発、多くの学校に採用されている。現在は受験界のみならず、大学・一般向けの講演や中学・高校教員の指導など、活動は多岐にわたり、教育界に次々と新機軸を打ち立てている。著書に『出口汪の「最強！」の記憶術』『日本語力 人生を変える最強メソッド』『出口のシステム現代文シリーズ』『論理でわかる現代文シリーズ』『システム中学国語シリーズ』（以上、水王舎）など多数。

YouTubeで講義を視聴できる
出口汪の学びチャンネル

出口汪の最新情報はこちら
出口汪 note 連載ページ

いちばんわかりやすい！実況論理国語
現代文講義 小説・随筆・共通テスト編

2021年11月15日　第1刷発行

著　者　出口　汪
発行人　出口　汪
発行所　株式会社　水王舎
東京都新宿区西新宿 8-3-32　〒160-0023
電　話　03-6304-0201
装　幀　福田 和雄（FUKUDA DESIGN）
編集協力　石川 享（knot）
編　集　出口 寿美子
本文印刷　光邦
カバー印刷　歩プロセス
製　本　ナショナル製本

ISBN978-4-86470-163-1

いちばんわかりやすい！

実況論理国語

現代文講義

小説・随筆
共通テスト編

問題編

目次

第1講

『風邪熱談義』

河上徹太郎

●学習日　月　日
●学習タイム　分

解答・解説 ▶ P.6

次の文章を読んで、後の問いに答えよ。

この正月、私としては珍しく風邪で高熱を出して、数日寝込んだ。そんなことはまずここ数年間なかったことである。

子供の頃虚弱だった私は、冬はよく床の中で過した。熱に浮かされてウツラウツラと眠りに誘いこまれ、フト眼を覚ますと障子に当っていた陽の光がすっかり薄れて、街からは豆腐屋のラッパが聞え、台所では母がコトコトと何か俎《まないた》の上で刻んでいる。子供は聞きながら、ああ、今日も終ったと、甘い夢心地である。それは彼なりの無為への悔恨なのだが、しかしこれも子供なみに、懶惰《らんだ》な誘惑に身を任せたという、官能的な陶酔でもあるのだ。

今度私は五十年以上たって同じ経験を繰返し、同じ想いを思い出し味わった。それは少年の日の甘い追憶なのだが、然《しか》し追憶だから甘いのではなくて、この種の体験自体がいつでも甘いのである。

かぜをひけば天下晴れて寝ていられる。この特権をなぜ人々はもっと利用しないのだろう？　あなたは好きな時に寝て、そして何時に起きねばならないということもないのだ。こんな非現代的な、公認された放蕩《ほうとう》、全く抑圧のない肉体の放縦、それが市井人のわれわれのすぐ手近に準備されて待っているとは一寸《ちょっと》想像出来ないことである。

人は一日会社をサボって、うちで不貞寝《ふてね》をしていることは出来る。しかしこれとそれとが味が違うことは、単に公認非公認の問題ではない。いうまでもなく、それは健康と病気との違いなのだが、然し私はかぜで寝るのが「病的」だとは医学的意味以外にはいいたくない。その寝っぷりが人間的である点で、私はこちらの方が健康であるといいたいのである。

それにはひたすら「熱」というものの協力に、われわれは感謝しなければならない。熱がすべてを企画し、情熱づけ、こちらの責任を全部背負ってくれる。だからこちらは完全に自由なのである。今日人々があんなに声高く口にし、しかもとんでもない所を探しまわっている自由は、実はこんな身近な所にあるのである。

これに対し先ほどの欠勤者のうたた寝は、さしあたりこの自由が恵まれていない。彼は眠りつつそれを自分の責任で探さねばならない。つまり彼の眠りはそれだけ醒《さ》めているのである。

熱を病んで眠っている状態は、スポーツの一形式である。それだけに辛《つら》い。また刻々体力を消耗する。そんなことはいうまでもないが、ところでこのスポーツの相手、すなわち敵は誰か？　それは自分自身である。そのことがこの取組を八百長めいて、とりとめないものにする。しかし利点としては、勝ち負けに関らず試合を後腐れのないものにし、また私をどんな点でも傷つけない。その点でサッパリしているのである。

いい廻しが堅苦しくなったが、［A］、かぜの御蔭でかなり熱は高くても生命の危険やさしたる病苦もなく、忘我に近い恍惚境《こうこつきょう》にはいり、世間かまわず大っぴらに昼間っから夢を見ていられるということは、何たる選ばれた者の特権が万人に与えられているのだろうということが［B］。人はこういう状態を購《あがな》うために普通酒か麻薬を用いる。しかしその効果はこれほど完璧《かんぺき》ではない。

そのうち酒は、その狙《ねら》いが必ずしも酔うことにはない。その酔いには社交性が伴ったり、またある意味でしらふ以上に鋭く醒めることを求めて飲むということもたしかにいえるのである。

麻薬といえば、前代のオピアムやアシッシから今日のシンナーに至るまで、目的はただ酔うことにあるようだ。不幸にして私はその味を知らないから、常習者からは笑われるかも知れないが、酔うという一事で一括してよければ、私が今いっていることと同じではないか？　百年以上も前に、ボードレールはトーマス・ド・クインシイの1顰《ひそ》みに倣《なら》い、阿《あ》片《へん》の齎《もたら》す幻覚に基づいて『人工天国（パラディ・ザルティフィシェル）』という美しい散文一巻を書いた。私は青年時代、別にそれを自分で実践しようという誘惑に脅かされることなく、一つの文学作品としてそれを鑑賞した。

今日の殊に戦後の麻薬については、私は更に不案内である。時にそれを扱った小説作品に出会うが、そこにはそれに伴う事件は描いてあっても、服用者の生理的実感については何も私に教えてはくれないのである。

だから私はかぜ熱がそれの代用品になるかどうか知らぬ。しかしそれは別にしても、熱の忘我の中にはたしかに酔いがある。それが私を解放し、陶酔させ、一種の無何有境へ連れこんで遊ばせてくれる。これほど手近な、安価な、間違いのない、（効果の上でも危険性の上でも）麻薬遊びがあろうか？　人はそれによって疎外・蒸発、自由自在だし、復帰は百パーセント確実である。しかもその肉体は、宇宙飛行士その他特殊技能者の如く全身洗い浄《きよ》められ、生れ変ってすがすがしく以前の戦列につけるのである。2これほど健康な状態があろうか？

だから3右の状態は、□。勤め人がたまの休日を人ごみに揉《も》まれて郊外の遊園地あたりで子供とあわただしい一日を過すみじめさはよく漫画のタネになっているが、一方われわれはお小使いをしわ寄せすれば、昔なら貴族富豪の独専であった汽車旅行やホテル生活を味わうことが出来る。しかしそこには歪められた優越感・虚栄心以外にどんな陶酔があろうか？　そしてまた、今では幽邃《ゆうすい》な古社寺の門前には観光バスが列《なら》び、名代の食い物屋が日に数百千の客を賄わねばならないとなれば、味はいやでも規格化せざるを得ない。つまり万人がエリートなのであって、優越感というものが余り快楽の上でものをいわなくなった時代である。あくせくレジャーを求めて、どれだけ心身ののびやかさと解放感が得られるのか？　実は勤労生活をちょうど裏返しにした時間の縄の目を、ノルマを遂行するために勤勉に辿《たど》っているだけなのである。

　近代人が物質を支配することを覚えたつもりでいて逆にこれに支配されていることは人々が口にするところだが、時間についてもそれがいえる。電車を待つ二分間を週刊誌がないと潰《つぶ》せないとは、何たる惨めなことであるか！　古代人は悠々懐《ふとこ》ろから小銭や札束を出して使い分けるように、時間をわがものと扱って暮していた。思えば時間の単位が十進法でなく六十進法であることは、何という叡智《えいち》であろう？　六十は二でも三でも四でも五でも六でも割れる。その各自の個性的な組合せのうちに、勤労とレジャー、優雅と時間貧乏の差違が出て来るのである。

『風邪熱談義』 河上徹太郎

問一　文中の空欄A・Bに入る最も適当な言葉を、次の①～⑦の中から選べ。

① 反対に私は　② 要するに私は　③ これに対して私は
④ かえって私は　⑤ いいたいのである　⑥ 試みたいのである
⑦ いえるのである

A
B
各8点

問二　傍線部1「顰みに倣い」は、「昔、中国の越の西施という美人が病んでまゆをしかめ、美しく見えたのを見て、女たちがみんなまゆをしかめたという故事」から使われるようになった言葉である。文中ではどういった意味で使われているか簡潔に書け。

8点

問三　筆者は熱の忘我の酔いについて、傍線部2「これほど健康な状態があろうか？」と述べているが、それでは筆者の考える不健康な状態とはどのような状態なのか、そのことを端的に記している箇所の最初の二字と最後の六字を書け。

□□～□□□□□□

14点

問四　傍線部3「右の状態は」に続く文章として最も適当なものを、次の①～④の中から一つ選べ。

① いうなれば究極の快楽の状態というべきものである
② 完全な自由を求めてやまない人間の姿である
③ 動物としての人間の自然な状態なのである
④ 正しくレジャーというものの理想的な状態なのである

□

12点

第2講

『鐘の声』

永井荷風

●学習日　月　日

●学習タイム　分

解答・解説 ▶ P.36

次の文章を読んで、後の問いに答えよ。

住みふるした麻布の家の二階には、どうかすると、鐘の声の聞えてくることがある。鐘の声は遠過ぎもせず、また近すぎもしない。何か物を考えている時でも、そのために妨げ乱されるようなことはない。そのまま考《かんがえ》に沈みながら、静《しずか》に聴いて居られる音色である。又何事をも考えず、つかれてぼんやりしている時には、それがために猶更《なおさら》ぼんやり、夢でも見ているような心持《こころもち》になる。西洋の詩にいう揺籃《ようらん》の歌のような、心持のいい柔《やわらか》な響《ひびき》である。

わたくしは響のわたって来る方向から推測して芝山内《しばさんない》の鐘だときめている。むかし芝の鐘は切通しに在ったそうであるが、今は其処《そのところ》には見えない。今の鐘は増上寺の境内の、どの辺から撞《つ》き出されるのか。1わたくしは之を知らない。

わたくしは今の家にはもう二十年近く住んでいる。始めて引越して来たころには、近処の崖下には、茅葺《かやぶき》屋根の家が残っていて、昼中も［A］が鳴いていた程であったから、鐘の音も今日よりは、もっと度々聞えていた筈《はず》である。然《しか》しいくら思《おも》返《い》して見ても、その時分鐘の音に耳をすませて、物思いに耽《ふけ》ったような記憶がない。十年前には鐘の音に耳を澄ますほど、老込んでしまわなかった故でもあろう。

　然るに震災の後、いつからともなく鐘の音は、2むかし覚えたことのない響を伝えて来るようになった。昨日聞いた時のように、今日もまた聞きたいものと、それとなく心待ちに待ちかまえるような事さえあるようになって来たのである。

　鐘は昼夜を問わず、時の来るごとに撞きだされるのは言うまでもない。然し車の響、風の音、人の声、ラジオ、飛行機、蓄音器、さまざまの物音に遮られて、滅多にわたくしの耳には達しない。

　3わたくしの家は崖の上に立っている。裏窓から西北の方に山王と氷川の森が見えるので、冬の中西北の富士おろしが吹きつづくと、崖の竹籔《たけやぶ》や庭の樹が物すごく騒ぎ立てる。窓の戸のみならず家屋を揺り動すこともある。季節と共に風の向《むき》も変って、春から夏になると、鄰《となり》近処の家の戸や窓があけ放されるので、東南から吹いて来る風につれ、四方に湧起《おこ》る［B］の響は、朝早くから夜も初更に至る頃まで、わたくしの家を包囲する。これがために鐘の声は一時《ひとしきり》全く忘れられてしまったようになるが、する中《うち》に、また突然何かの拍子にわたくしを驚《おどろか》すのである。

この年月の経験で、鐘の声が最もわたくしを喜ばすのは、二三日荒れに荒れた木枯しが、短い冬の日のあわただしく暮れると共に、[C]吹きやんで、寒い夜が一層寒く、一層静になったように思われる時、つけたばかりの燈火《ともしび》の下に、独り夕餉《ゆうげ》の箸を取上げる途端、コーンと[D]最初の一撞きが耳元にきこえてくる時である。驚いて箸を持ったまま、思わず音のする彼方《かなた》を見返ると、底びかりのする神秘な夜の空に、宵の明星のかげが、たった一ツさびし気に浮いているのが見える。枯れた樹の梢《こずえ》に三日月のかかっているのを見ることもある。

[E]日の長くなることが、稍《やや》際立って知られる暮れがた。昼は既に尽きながら、まだ夜にはなりきらない頃、読むことにも書くことにも倦《う》み果てて、これから燈火《あかり》のつく夜になっても、何をしようという目当も楽しみもないというような時、[F]耳にする鐘の音は、机に頬杖をつく肱《ひじ》のしびれにさえ心付かぬほど、埒《らち》もないむかしの思出に人をいざなうことがある。死んだ友達の遺著など、あわてて取出し、夜のふけ渡るまで読み耽けるのも、こんな時である。

若葉の茂りに庭のみならず、家の窓もまた薄暗く、殊に糠《ぬか》雨の雫が葉末から音もなく滴る昼過ぎ。いつもより一層遠く柔に聞えて来る鐘の声は、鈴木春信の古き版画の色と線とから感じられるような、疲労と倦怠《けんたい》とを思わせるが、此《これ》に反して秋も末近く、一宵《ひとよさ》ごとに其力を増すような西風に、とぎれて聞える鐘の声は屈原が楚辞《そじ》にもたとえたい。

昭和七年の夏よりこの方、世のありさまの変るにつれて、鐘の声も亦《また》わたくしには明治の世にはおぼえた事のない響を伝えるようになった。それは忍辱《にんにく》と諦悟《ていご》の道を説く静なささやきである。

西行も、芭蕉《ばしょう》も、ピエールロチも、ラフカディオハアンも、各《おのおの》其生涯の或《ある》時代に於《お》いて、この響、この声、この囁《ささや》きに、深く心を澄まし耳を傾けた。然し歴史は未曾《いまだかつ》て、如何なる人の伝記に就いても、殷々《いんいん》たる鐘の声が奮闘勇躍の気勢を揚げさせたことを説いていない。時勢の変転して行く不可解の力は、天変地妖の力にも優《まさ》っている。仏教の形式と、仏僧の生活とは既に変じて、芭蕉やハアン等《ら》が仏寺の鐘を聴いた時の如《ごと》くではない。僧が夜半に起きて鐘をつく習慣さえ、いつまで昔のままにつづくものであろう。

たまたま鐘の声を耳にする時、わたくしは何の理由もなく、むかしの人々と同じような心持で、鐘の声を聴く最後の一人ではないかというような心細い気がしてならない……。

『鐘の声』　永井荷風（一部表記を改めた）

問一　傍線部1「わたくしは之を知らない」について、作者はどのような気持ちで「知らない」と書いたと考えられるか。最も適当なものを、次の①〜④の中から一つ選べ。

① 知らないことをすこし恥ずかしく思う。
② いつの日かぜひ知りたいものである。
③ むかし鐘のあった場所以外は絶対に知りたくない。
④ 知らなくともべつにかまわないと思う。

5点

問二　空欄Aに入るものとして最もふさわしい語を、次の①〜⑤の中から一つ選べ。

① 赤児　② 犬猫　③ 鶏　④ 蛙　⑤ 烏

5点

問三　傍線部２「むかし覚えたことのない響」は、それより後の部分でどのように表現されているか。その箇所を抜き出し、最初の三字と最後の三字を書け。

最初　□□□　〜最後　□□□　6点

問四　傍線部３「わたくしの家は崖の上に立っている」とあるが、そのことによって、何を効果的に叙述しているか。文中の三字以内の言葉を用いて答えよ。

□□□　5点

問五　空欄Bに入るものとして最もふさわしい三字の語を、文中から抜き出せ。

□□□　5点

問六　空欄C～Fに入るものとして最もふさわしい言葉を、次の①～④の中から一つずつ選べ（重複不可）。

① ふと　② やがて　③ はっきり　④ ぱったり

C □　D □　E □　F □

各2点

問七　この文章では、鐘の音が季節ごとにどのように聞こえると書かれているか。「春」「夏」「秋」「冬」のそれぞれに、最もふさわしいものを次の①～⑤の中から選べ。

① 静かな追憶にさそう響き
② 悲壮感にみちた響き
③ 物憂い柔らかな響き
④ 殷々《いんいん》たる勇壮な響き
⑤ 深く澄みきった響き

春 □　夏 □　秋 □　冬 □

各2点

問八　この文章について、次のような鑑賞文がある。空欄a～dにふさわしい語を後の①～⑥の中から選べ（重複不可）。

《作者にとって鐘の音は、明治という「むかし」から昭和という「今」への［a］の変転を象徴的に告げるものである。また一年のなかでは［b］の移りかわりを表し、さらに一日のなかの［c］の流れをも刻んでいる。だからこそ、古来の文人・作家の［d］をも刻むことができたのであるが、そのような鐘の声もやがては失われようとしており、そのことを作者はさびしく感じている。》

①　流行　②　時勢　③　時間　④　季節　⑤　生活　⑥　生涯

a［　］　b［　］　c［　］　d［　］

各2点

第3講

共通テスト評論問題

『江戸の妖怪革命』

香川雅信

●学習日　月　日

●学習タイム　分

解答・解説 ▶ P.66

この文章は、香川雅信『江戸の妖怪革命』の序章の一部である。本文中でいう「本書」とはこの著作を指し、「近世」とは江戸時代にあたる。これを読んで、後の問いに答えよ。

1 フィクションとしての妖怪、とりわけ娯楽の対象としての妖怪は、いかなる歴史的背景のもとで生まれてきたのか。

2 確かに、鬼や天狗《てんぐ》など、古典的な妖怪を題材にした絵画や芸能は古くから存在した。しかし、妖怪が明らかにフィクションの世界に属する存在としてとらえられ、そのことによってかえっておびただしい数の妖怪画や妖怪を題材とした文学作品、大衆芸能が創作されていくのは、近世も中期に入ってからのことなのである。つまり、フィクションとしての妖怪という領域自体が歴史性を帯びたものなのである。

3 妖怪はそもそも、日常的理解を超えた不可思議な現象に意味を与えようとする(ア)ミンゾク的な心意から生まれたものであった。人間はつねに、経験に裏打ちされた日常的な原因―結果の了解に基づいて目の前に生起する現象を認識し、未来を予見し、さまざまな行動を決定している。ところが時たま、そうした日常的な因果了解では説明のつかない現象に遭遇する。それは通常の認識や予見を無効化するため、人間の心に不安と恐怖をカンキする。このような言わば意味論的な危機に対して、それをなんとか意味の体系のなかに回収するために生み出された文化的装置が「妖怪」だった。それは人間が秩序ある意味世界のなかで生きていくうえでの必要性から生み出されたものであり、それゆえに切実なリアリティをともなっていた。民間伝承としての妖怪とは、そうした存在だったのである。

4 妖怪が意味論的な危機から生み出されるものであるかぎり、そしてそれゆえにリアリティを帯びた存在であるかぎり、それをフィクションとして楽しもうという感性は生まれえない。フィクションとしての妖怪という領域が成立するには、妖怪に対する認識が根本的に変容することが必要なのである。

5 妖怪に対する認識がどのように変容したのか。そしてそれは、いかなる歴史的背景から生じたのか。本書ではそのような問いに対する答えを、妖怪手品、妖怪図鑑、妖怪玩具、からくり的といった「妖怪娯楽」の具体的な事例を通して探っていこうと思う。

6 妖怪に対する認識の変容を記述し分析するうえで、本書ではフランスの哲学者ミシェル・フーコーの「アルケオロジー」の手法をウ エンヨウすることにしたい。

7 アルケオロジー（archéologie）とは、通常「考古学」と訳される言葉であるが、フーコーの言うアルケオロジーは、思考や認識を可能にしている知の枠組み――「エピステーメー」（épistémè：ギリシャ語で「知」の意味）の変容として歴史を描き出す試みのことである。人間が事物のあいだにある秩序を認識し、それにしたがって思考する際に、われわれは決して認識に先立って「客観的に」存在する事物の秩序そのものに触れているわけではない。事物のあいだになんらかの関係性をうち立てるある一つの枠組みを通して、はじめて事物の秩序を認識することができるのである。この枠組みがエピステーメーであり、しかもこれは時代とともに変容する。事物に対する認識や思考が、時間をエ ヘダてることで大きく変貌してしまうのだ。

8 フーコーは、十六世紀から近代にいたる西欧の「知」の変容について論じた『言葉と物』という著作において、このエピステーメーの変貌を、「物」「言葉」「記号」そして「人間」の関係性の再編成として描き出している。これらは人間が世界を認識するうえで重要な役割を果たす諸要素であるが、そのあいだにどのような関係性がうち立てられるかによって、「知」のあり方は大きく様変わりする。

9 本書では、このアルケオロジーという方法を踏まえて、日本の妖怪観の変容について記述することにしたい。それは妖怪観の変容を「物」「言葉」「記号」「人間」の布置の再編成として記述する試みである。この方法は、同時代に存在する一見関係のないさまざまな文化事象を、同じ世界認識の平面上にあるものとしてとらえることを可能にする。これによって日本の妖怪観の変容を、大きな文化史的変動のなかで考えることができるだろう。

10 では、ここで本書の議論を先取りして、B アルケオロジー的方法によって再構成した日本の妖怪観の変容について簡単に述べておこう。

11 中世において、妖怪の出現は多くの場合「凶兆」として解釈された。それらは神仏をはじめとする神秘的存在からの「警告」であった。すなわち、妖怪は神霊からの「言葉」を伝えるものという意味で、一種の「記号」だったのである。これは妖怪にかぎったことではなく、あらゆる自然物がなんらかの意味を帯びた「記号」として存在していた。つまり、「物」は物そのものと言うよりも「記号」であったのである。これらの「記号」は所与のものとして存在しており、人間にできるのはその「記号」を「読み取る」こと、そしてその結果にしたがって神霊への働きかけをおこなうことだけだった。

12 「物」が同時に「言葉」を伝える「記号」である世界。こうした認識は、しかし近世において大きく変容する。「物」にまとわりついた「言葉」や「記号」としての性質が剥ぎ取られ、はじめて「物」そのものとして人間の目の前にあらわれるようになるのである。ここに近世の自然認識や、西洋の博物学に相当する＊本草学という学問が成立する。そして妖怪もまた博物学的な思考、あるいは嗜好《しこう》の対象となっていくのである。

13 この結果、「記号」の位置づけも変わってくる。かつて「記号」は所与のものとして存在し、人間はそれを「読み取る」ことしかできなかった。しかし、近世においては、「記号」は人間が約束事のなかで作り出すことができるものとなった。これは、「記号」が神霊の支配を逃れて、人間の完全なコントロール下に入ったことを意味する。こうした「記号」を、本書では「表象」と呼んでいる。人工的な記号、人間の支配下にあることがはっきりと刻印された記号、それが「表象」である。

14 「表象」は、意味を伝えるものであるよりも、むしろその形象性、視覚的側面が重要な役割を果たす「記号」である。妖怪は、伝承や説話といった「言葉」の世界、意味の世界から切り離され、名前や視覚的形象によって弁別される「表象」となっていった。それはまさに、現代で言うところの「キャラクター」であった。そしてキャラクターとなった妖怪は完全にリアリティを喪失し、フィクショナルな存在として人間の娯楽の題材へと化していった。妖怪は「表象」という人工物へと作り変えられたことによって、人間の手で自由自在にコントロールされるものとなったのである。こうしたC妖怪の「表象」

―化は、人間の支配力が世界のあらゆる局面、あらゆる「物」に及ぶようになったことの帰結である。かつて神霊が占めていたその位置を、いまや人間が占めるようになったのである。

15 ここまでが、近世後期——より具体的には十八世紀後半以降の都市における妖怪観である。だが、近代になると、こうした近世の妖怪観はふたたび編成しなおされることになる。「表象」として、リアリティの領域から切り離されてあった妖怪が、以前とは異なる形でリアリティのなかに回帰するのである。これは、近世は妖怪をリアルなものとして恐怖していた迷信の時代、近代はそれを合理的思考によって否定し去った啓蒙《けいもう》の時代、という一般的な認識とはまったく逆の形である。

16「表象」という人工的な記号を成立させていたのは、「万物の霊長」とされた人間の力の絶対性であった。ところが近代になると、この「人間」そのものに根本的な懐疑が突きつけられるようになる。人間は「神経」の作用、「催眠術」の効果、「心霊」の感応によって容易に妖怪を「見てしまう」不安定な存在、「内面」というコントロール不可能な部分を抱えた存在として認識されるようになったのだ。かつて「表象」としてフィクショナルな領域に囲い込まれていた妖怪たちは、今度は「人間」そのものの内部に棲《す》みつくようになったのである。

17 そして、こうした認識とともに生み出されたのが、「私」という近代に特有の思想であった。謎めいた「内面」を抱え込んでしまったことで、「私」は私にとって「不気味なもの」となり、いっぽうで未知なる可能性を秘めた神秘的な存在となった。妖怪は、まさにこのような「私」を オ トウエイした存在としてあらわれるようになるのである。

18 以上がアルケオロジー的方法によって描き出した、妖怪観の変容のストーリーである。

『江戸の妖怪革命』香川雅信

・・・・ 90

＊本草学…もとは薬用になる動植物などを研究する中国由来の学問で、江戸時代に盛んとなり、薬物にとどまらず広く自然物を対象とするようになった。

問一 傍線部ア〜オに相当する漢字を含むものを、次の各群の①〜④のうちから、それぞれ一つずつ選べ。

ア ミンゾク

① 楽団にショゾクする
② カイゾク版を根絶する
③ 公序リョウゾクに反する
④ 事業をケイゾクする

イ カンキ

① 証人としてショウカンされる
② 優勝旗をヘンカンする
③ 勝利のエイカンに輝く
④ 意見をコウカンする

ウ エンヨウ

① 鉄道のエンセンに住む
② キュウエン活動を行う
③ 雨で試合がジュンエンする
④ エンジュクした技を披露する

各2点

エ　ヘダてる　□

① 敵をイカクする
② 施設のカクジュウをはかる
③ 外界とカクゼツする
④ 海底のチカクが変動する

オ　トウエイ　□

① 意気トウゴウする
② トウチ法を用いる
③ 電気ケイトウが故障する
④ 強敵を相手にフントウする

問二　傍線部A「民間伝承としての妖怪」とは、どのような存在か。その説明として最も適当なものを、次の①～⑤のうちから一つ選べ。

① 人間の理解を超えた不可思議な現象に意味を与え日常世界のなかに導き入れる存在。

② 通常の認識や予見が無効となる現象をフィクションの領域においてとらえなおす存在。

③ 目の前の出来事から予測される未来への不安を意味の体系のなかで認識させる存在。

④ 日常的な因果関係にもとづく意味の体系のリアリティを改めて人間に気づかせる存在。

⑤ 通常の因果関係の理解では説明のできない意味論的な危機を人間の心に生み出す存在。

7点

問三 傍線部B「アルケオロジー的方法」とは、どのような方法か。その説明として最も適当なものを、次の①〜⑤のうちから一つ選べ。

① ある時代の文化事象のあいだにある関係性を理解し、その理解にもとづいて考古学の方法に倣い、その時代の事物の客観的な秩序を復元して描き出す方法。

② 事物のあいだにある秩序を認識し思考することを可能にしている知の枠組みをとらえ、その枠組みが時代とともに変容するさまを記述する方法。

③ さまざまな文化事象を「物」「言葉」「記号」「人間」という要素ごとに分類して整理し直すことで、知の枠組みの変容を描き出す方法。

④　通常区別されているさまざまな文化事象を同じ認識の平面上でとらえることで、ある時代の文化的特徴を社会的な背景を踏まえて分析し記述する方法。

⑤　一見関係のないさまざまな歴史的事象を「物」「言葉」「記号」そして「人間」の関係性に即して接合し、大きな世界史的変動として描き出す方法。

7点

問四　傍線部C「妖怪の『表象』化」とは、どういうことか。その説明として最も適当なものを、次の①～⑤のうちから一つ選べ。

①　妖怪が、人工的に作り出されるようになり、神霊による警告を伝える役割を失って、人間が人間を戒めるための道具になったということ。

②　妖怪が、神霊の働きを告げる記号から、人間が約束事のなかで作り出す記号になり、架空の存在として楽しむ対象になったということ。

③　妖怪が、伝承や説話といった言葉の世界の存在ではなく視覚的な形象になったことによって、人間世界に実在するかのように感じられるようになったということ。

④　妖怪が、人間の手で自由自在に作り出されるものになり、人間の力が世界のあら

ゆる局面や物に及ぶきっかけになったということ。

⑤ 妖怪が、神霊からの警告を伝える記号から人間がコントロールする人工的な記号になり、人間の性質を戯画的に形象した娯楽の題材になったということ。

7点

問五 この文章を授業で読んだNさんは、内容をよく理解するために【ノート1】～【ノート3】を作成した。本文の内容とNさんの学習の過程を踏まえて、(i)～(iii)の問いに答えよ。

(i) Nさんは、本文の 1 ～ 18 を【ノート1】のように見出しをつけて整理した。空欄 Ⅰ ・ Ⅱ に入る語句の組み合わせとして最も適当なものを、後の①～④のうちから一つ選べ。

【ノート1】

● 問題設定（1 ～ 5）

2 ～ 3　Ⅰ

4～5　Ⅱ
●方法論（6～9）
7～9　アルケオロジーの説明
●日本の妖怪観の変容（10～18）
11　中世の妖怪
12～14　近世の妖怪
15～17　近代の妖怪

①
Ⅰ　妖怪はいかなる歴史的背景のもとで娯楽の対象になったのかという問い
Ⅱ　意味論的な危機から生み出される妖怪

②
Ⅰ　妖怪はいかなる歴史的背景のもとで娯楽の対象になったのかという問い
Ⅱ　妖怪娯楽の具体的事例の紹介

③
Ⅰ　娯楽の対象となった妖怪の説明
Ⅱ　いかなる歴史的背景のもとで、どのように妖怪認識が変容したのかという問い

④
Ⅰ　妖怪に対する認識の歴史性
Ⅱ　いかなる歴史的背景のもとで、どのように妖怪認識が変容したのかという問い

(ii) Nさんは、本文で述べられている近世から近代への変化を【ノート2】のようにまとめた。空欄 Ⅲ ・ Ⅳ に入る語句として最も適当なものを、後の各群の①～④のうちから、それぞれ一つずつ選べ。

5点

【ノート2】

近世と近代の妖怪観の違いの背景には、「表象」と「人間」との関係の変容があった。

近世には、人間によって作り出された、 Ⅲ が現れた。しかし、近代へ入ると Ⅳ が認識されるようになったことで、近代の妖怪は近世の妖怪にはなかったリアリティを持った存在として現れるようになった。

Ⅲ に入る語句

① 恐怖を感じさせる形象としての妖怪

② 神霊からの言葉を伝える記号としての妖怪

③ 視覚的なキャラクターとしての妖怪

④ 人を化かすフィクショナルな存在としての妖怪

3点

Ⅳ に入る語句

① 合理的な思考をする人間

② 「私」という自立した人間

③ 万物の霊長としての人間

④ 不可解な内面をもつ人間

3点

(iii) **【ノート2】を作成したNさんは、近代の妖怪観の背景に興味をもった。そこで出典の『江戸の妖怪革命』を読み、【ノート3】を作成した。空欄 Ⅴ に入る最も適当なものを、後の①〜⑤のうちから一つ選べ。**

【ノート3】

本文の 17 には、近代において「私」が私にとって「不気味なもの」となったということが書かれていた。このことに関係して、本書第四章には、欧米でも日本でも近代になってドッペルゲンガーや自己分裂を主題とした小説が数多く発表されたとあり、芥川龍之介の小説「歯車」（一九二七年発表）の次の一節が例として引用されていた。

> 第二の僕、――独逸《どいつ》人の所謂《いわゆる》Doppelgaenger は仕合《しあわ》せにも僕自身に見えたことはなかった。しかし亜米利加《あめりか》の映画俳優になったK君の夫人は第二の僕を帝劇の廊下に見かけていた。（僕は突然K君の夫人に「先達《せんだって》はつい御挨拶もしませんで」と言われ、当惑したことを覚えている。）それからもう故人になったある隻脚《かたあし》の翻訳家もやはり銀座のある煙草《たばこ》屋に第二の僕を見かけていた。死はあるいは僕よりも第二の僕に来るのかも知れなかった。

考察　ドッペルゲンガー（Doppelgaenger）とは、ドイツ語で「二重に行く者」、すなわち「分身」の意味であり、もう一人の自分を「見てしまう」怪異のことである。また、「ドッペルゲンガーを見た者は死ぬと言い伝えられている」と説明されていた。［V］

17に書かれていた『私』という近代に特有の思想」とは、こうした自己意識を踏まえた指摘だったことがわかった。

① 「歯車」の僕は、自分の知らないところで別の僕が行動していることを知った。僕はまだ自分でドッペルゲンガーを見たわけではないと安心し、別の僕の行動によって自分が周囲から承認されているのだと悟った。これは、「私」が他人の認識のなかで生かされているという神秘的な存在であることの例にあたる。

② 「歯車」の僕は、自分には心当たりがない場所で別の僕が目撃されていたと知った。僕は自分でドッペルゲンガーを見たわけではないのでひとまずは安心しながらも、もう一人の自分に死が訪れるのではないかと考えていた。これは、「私」が自分自身を統御できない不安定な存在であることの例にあたる。

③ 「歯車」の僕は、身に覚えのないうちに、会いたいと思っていた人の前に別の僕が姿を現していたと知った。僕は自分でドッペルゲンガーを見たわけではないが、別の僕が自分に代わって思いをかなえてくれたことに驚いた。これは、「私」が未知なる可能性を秘めた存在であることの例にあたる。

④ 「歯車」の僕は、自分がいたはずのない場所に別の僕がいたことを知った。僕は

自分がドッペルゲンガーを見たわけではないと自分を落ち着かせながらも、自分が分身に乗っ取られるかもしれないという不安を感じた。これは、「私」が「私」という分身にコントロールされてしまう不気味な存在であることの例にあたる。

⑤ 「歯車」の僕は、自分がいるはずのない時と場所で僕を見かけたと言われた。僕は今のところ自分でドッペルゲンガーを見たわけではないので死ぬことはないと安心しているが、他人にうわさされることに困惑していた。これは、「私」が自分で自分を制御できない部分を抱えた存在であることの例にあたる。

8点

第**4**講

共通テスト小説問題

『羽織と時計』

加能作次郎

●学習日　月　日　●学習タイム　分

解答・解説 ▶ P.114

次の文章は、加能作次郎「羽織と時計」（一九一八年発表）の一節である。「私」と同じ出版社で働くW君は、妻子と従妹《いとこ》と暮らしていたが生活は苦しかった。そのW君が病で休職している期間、「私」は何度か彼を訪れ、同僚から集めた見舞金を届けたことがある。以下はそれに続く場面である。これを読んで、後の問いに答えよ。

春になって、陽気がだんだん暖かになると、W君の病気も次第に快《よ》くなって、五月の末には、再び出勤することが出来るようになった。

『君の家の紋*1は何かね？』

彼が久し振りに出勤した最初の日に、W君は突然私に尋ねた。私は不審に思いながら答えた。

『円《まる》*2に横モッコです。平凡なありふれた紋です。何ですか？』

『いや、実はね。僕も長い間休んで居て、君に少《すく》からぬ世話になったから、ほんのお礼の印に羽二重《はぶたえ》[*3]を一反《いったん》[*4]お上げしようと思っているんだが、同じことなら羽織にでもなるように紋[*5]を抜いた方がよいと思ってね。どうだね、其方《そのほう》がよかろうね。』とW君は言った。

W君の郷里は羽二重の産地で、彼の親類に織元《おりもと》があるので、そこから安く、実費で分けて貰《もら》うので、外にも序《ついで》があるから、そこから直接に京都へ染めにやることにしてあるとのことであった。

『染《そめ》は京都でなくちゃ駄目だからね。』とW君は独りで首肯《うなず》いて、『じゃ早速言ってやろう。』

私は辞退するア術《すべ》もなかった。

一ケ月あまり経《た》って、染め上《あが》って来た。W君は自分でそれを持って私の下宿を訪れて呉《く》れた。私は早速W君と連れだって、呉服屋へ行って裏地を買って羽織に縫って貰った。

貧乏な私は其時まで礼服というものを一枚も持たなかった。羽二重の紋付《もんつき》の羽織というものを、その時始めて着たのであるが、今でもそれが私の持物《もちもの》の中で最も貴重なものの一つとなって居る。

『ほんとにいい羽織ですこと、あなたの様な貧乏人が、こんな羽織をもって居なさるのが不思議な位ですわね。』

妻は、私がその羽織を着る機会のある毎《ごと》にそう言った。私はW君から貰ったのだということを、妙な羽目からついイ言いはぐれて了《しま》って、今だに妻に打ち明けてないのであった。

妻が私が結婚の折に拵《こしら》えたものと信じて居るのだ。下に着る着物でも袴《はかま》でも、その羽織とは全く不調和な粗末なものばかりしか私は持って居ないので、

『よくそれでも羽織だけ飛び離れていいものをお拵えになりましたわね。』と妻は言うのであった。

『そりゃ礼服だからな。これ一枚あれば下にどんなものを着て居ても、兎《と》に角《かく》礼服として何処《どこ》へでも出られるからな。』私はA擽《くす》ぐられるような思《おもい》をしながら、そんなことを言って誤魔化《ごまか》して居た。

『これで袴だけ仙台平《せんだいひら》[*6]か何かのがあれば揃《そろ》うのですけれどね。どうにかして袴だけいいのをお拵えなさいよ。これじゃ羽織が泣きますわ。こんなぼとぼとしたセル[*7]の袴じゃ、折角《せっかく》のいい羽織がちっとも引き立たないじゃありませんか。』

妻はいかにも惜しそうにそう言い言いした。

私もそうは思わないではないが、今だにその余裕がないのであった。私はこの羽織を着る毎にW君のことを思い出さずに居なかった。

その後、社に改革があって、私が雑誌を一人でやることになり、W君は書籍の出版の方に廻《まわ》ることになった。そして翌年の春、私は他にいい口があったので、その方へ転ずることになった。

W君は私の将来を祝し、送別会をする代《かわ》りだといって、自ら奔走して社の同人達《たち》[*8]から二十円ばかり醵金《きょきん》[*9]をして、私に記念品を贈ることにして呉れた。私は時計を持って居なかったので、自分から望んで懐中時計を買って貰った。

『贈××君。××社同人。』

こう銀側の蓋の裏に小さく刻まれてあった。

この処置について、社の同人の中には、内々不平を抱いたものもあったそうだ。まだ二年足らずしか居ないものに、記念品を贈るなどということは曾《かつ》て例のないことで、これはW君が、自分の病気の際に私が奔走して見舞金を贈ったので、その時の私の厚意に酬《むく》いようとする個人的の感情から企てたことだといってW君を非難するものもあったそうだ。また中には、

『あれはW君が自分が罷《や》める時にも、そんな風なことをして貰いたいからだよ。』と卑しい邪推をして皮肉を言ったものもあったそうだ。

私は後でそんなことを耳にして非常に不快を感じた。そしてW君に対して気の毒でならなかった。そういう非難を受けてまでも(それはW君自身予想しなかったことであろうが)私の為《ため》に奔走して呉れたW君の厚い情誼《じょうぎ》[*10]を思いやると、私は涙ぐましいほど感謝の念に打たれるのであった。それと同時に、その一種の恩恵に対して、常に或《あ》る重い圧迫を感ぜ

ざるを得なかった。

羽織と時計――。私の身についたものの中で最も高価なものが、二つともW君から贈られたものだ。この意識が、今でも私の心に、感謝の念と共に、B何だかやましいような気《き》恥《はずか》しいような、訳のわからぬ一種の重苦しい感情を起《おこ》させるのである。

××社を出てから以後、私は一度もW君と会わなかった。W君は、その後一年あまりして、病気が再発して、遂《つい》に社を辞し、いくらかの金を融通して来て、電車通りに小さなパン菓子屋を始めたこと、自分は寝たきりで、店は主に従妹が支配して居て、それでやっと生活して居るということなどを、私は或る日途中で××社の人に遇《あ》った時に聞いた。私は××社を辞した後、或る文学雑誌の編輯《へんしゅう》に携《たずさわ》って、文壇の方と接触する様になり、交友の範囲もおのずから違って行き、仕事も忙しかったので、一度見舞旁々訪《みまいかたがたおとな》わねばならぬと思いながら、自然と遠ざかって了った。その中《うち》私も結婚をしたり、子が出来たりして、境遇も次第に前と異《ことな》って来て、一層ウ足が遠くなった。偶々《たまたま》思い出しても、久しく無沙汰をして居ただけそれだけ、そしてそれに対して一種の自責を感ずれば感ずるほど、妙に改まった気持《きもち》になって、つい億劫《おっくう》になるのであった。

羽織と時計――併《しか》し本当を言えば、この二つが、W君と私とを遠ざけたようなものであった。これがなかったなら、私はもっと素直な自由な気持になって、時々W君を訪れることが出来たであろうと、今になって思われる。何故《なぜ》というに、私はこの二個の物品を持って居るので、常にW君から恩恵的債務を負うて居るように感ぜられたからである。この債務に対する自意識は、私をして不思議にW君の家の敷居を高く思わせた。而《しか》も不思議なことに、C私はW君よりも、彼の妻君《さいくん》の眼を恐れた。私が時計を帯にはさんで行くとする、『あの時計は、良人《うち》*11が世話して進《あ》げたのだ。』斯《こ》う妻君の眼が言う。私が羽織を着て行く、『ああの羽織は、良人が進げたのだ。』斯う妻君の眼が言う。もし二つとも身につけて行かないならば、『あの人は羽織や時計をどうしただろう。』斯う妻君の眼が言うように空想されるのであった。どうしてそんな考《かんがえ》が起るのか分《わか》らない。或《あるい》は私自身の中に、そういう卑しい邪推深い性情がある為であろう。が、いつでもW君を訪れようと思いつく毎に、妙にその厭《いや》な考が私を引き止めるのであった。そればかりではない、こうして無沙汰を続ければ続けるほど、私はW君の妻君に対して更に恐れを抱くのであった。

『○○さんて方は随分薄情な方ね、あれきり一度も来なさらない。こうして貴郎《あなた》が病気で寝て居らっしゃるのを知らないんでしょうか、見舞に一度も来て下さらない。』

斯う彼女が彼女の良人《おっと》に向《むか》って私を責めて居そうである。その言葉には、あんなに、羽織や時計などを進げたりして、こちらでは尽《つく》すだけのことは尽してあるのに、という意味を、彼女は含めて居るのである。

そんなことを思うと迚《とて》も行く気にはなれなかった。こちらから出て行って、妻君のそういう考をなくする様に努めるよりも、私は逃げよう逃げようとした。私は何か偶然の機会で妻君なり従妹なりと、途中ででも遇わんことを願った。そうしたら、『W君はお変《かわ》りありませんか、相変らず元気で××社へ行っていらっしゃいますか？』としらばくれて尋ねる、すると、疾《と》うに社をやめ、病気で寝て居ると、相手の人は答えるに違いない。

『おやおや！　一寸《ちっと》も知りませんでした。それはいけませんね。どうぞよろしく言って下さい。近いうちに御《お》見舞に上りますから。』

こう言って分れよう。そしてそれから二三日置いて、何か手土産を、そうだ、かなり立派なものを持って見舞に行こう、そうするとそれから後は、心易《こころやす》く往来出来るだろう――。

そんなことを思いながら、三年四年と月日が流れるように経って行った。今年の新緑の頃、子供を連れて郊外へ散歩に行った時に、D私は少し遠廻りして、W君の家の前を通り、原っぱで子供に食べさせるのだからと妻に命じて、態《わざ》と其《そ》の店に餡《あん》パンを買わせたが、実はその折陰ながら家の様子を窺《うかが》い、うまく行けば、全く偶然の様に、妻君なり従妹なりに遇おうという微《かす》かな期待をもって居た為《た》めであった。私は電車の線路を挟んで向側《むかいがわ》の人道に立って店の様子をそれとなく注視して居たが、出て来た人は、妻君でも従妹でもなく、全く見知らぬ、下女《げじょ》*12の様な女だった。私は若《も》しや家が間違っては居ないか、または代《だい》が変ってでも居るのではないかと、屋根看板をよく注意して見たが、以前××社の人から聞いたと同じく、××堂W——とあった。たしかにW君の店に相違なかった。それ以来、私はまだ一度も其店の前を通ったこともなかった。

『羽織と時計』　加能作次郎（一部表現を改めた）

＊1　紋…家、氏族のしるしとして定まっている図柄。
＊2　円に横モッコ…紋の図案の一つ。
＊3　羽二重…上質な絹織物。つやがあり、肌ざわりがいい。
＊4　一反…布類の長さの単位。長さ一〇メートル幅三六センチ以上が一反の規格で、成人一人分の着物となる。
＊5　紋を抜いた…「紋の図柄を染め抜いた」という意味。
＊6　仙台平…袴に用いる高級絹織物の一種。
＊7　セル…和服用の毛織物の一種。
＊8　同人…仲間。
＊9　醵金…何かをするために金銭を出し合うこと。
＊10　情誼…人とつきあう上での人情や情愛。
＊11　良人…夫。
＊12　下女…雑事をさせるために雇った女性のこと。当時の呼称。

問一　傍線部ア〜ウの本文中における意味として最も適当なものを、次の各群の①〜⑤のうちから、それぞれ一つずつ選べ。

ア　術もなかった

①　理由もなかった
②　手立てもなかった
③　義理もなかった
④　気持ちもなかった
⑤　はずもなかった

イ　言いはぐれて

①　言う必要を感じないで
②　言う機会を逃して
③　言うのを忘れて
④　言う気になれなくて
⑤　言うべきでないと思って

各3点

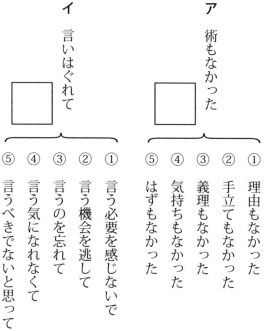

ウ 足が遠くなった □

① 訪れることがなくなった
② 時間がかかるようになった
③ 会う理由がなくなった
④ 行き来が不便になった
⑤ 思い出さなくなった

問二 傍線部A「擽ぐられるような思」とあるが、それはどのような気持ちか。その説明として最も適当なものを、次の①〜⑤のうちから一つ選べ。

① 自分たちの結婚に際して羽織を新調したと思い込んで発言している妻に対する、笑い出したいような気持ち。
② 上等な羽織を持っていることを自慢に思いつつ、妻に事実を知られた場合を想像して、不安になっている気持ち。
③ 妻に羽織をほめられたうれしさと、本当のことを告げていない後ろめたさとが入り混じった、落ち着かない気持ち。
④ 妻が自分の服装に関心を寄せてくれることをうれしく感じつつも、羽織だけほめることを物足りなく思う気持ち。

⑤　羽織はW君からもらったものだと妻に打ち明けてみたい衝動と、自分を侮っている妻への不満とがせめぎ合う気持ち。

6点

問三　傍線部B「何だかやましいような気恥しいような、訳のわからぬ一種の重苦しい感情」とあるが、それはどういうことか。その説明として最も適当なものを、次の①～⑤のうちから一つ選べ。

①　W君が手を尽くして贈ってくれた品物は、いずれも自分には到底釣り合わないほど立派なものに思え、自分を厚遇しようとするW君の熱意を過剰なものに感じてとまどっている。

②　W君の見繕ってくれた羽織はもちろん、自ら希望した時計にも実はさしたる必要を感じていなかったのに、W君がその贈り物をするために評判を落としたことを、申し訳なくももったいなくも感じている。

③　W君が羽織を贈ってくれたことに味をしめ、続いて時計までも希望し、高価な品々をやすやすと手に入れてしまった欲の深さを恥じており、W君へ向けられた批判を

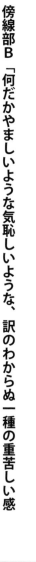

そのまま自分にも向けられたものと受け取っている。

④ 立派な羽織と時計とによって一人前の体裁を取り繕うことができたものの、それらを自分の力では手に入れられなかったことを情けなく感じており、W君の厚意にも自分へ向けられた哀れみを感じ取っている。

⑤ 頼んだわけでもないのに自分のために奔走してくれるW君に対する周囲の批判を耳にするたびに、W君に対する申し訳なさを感じたが、同時にその厚意には見返りを期待する底意をも察知している。

7点

問四　傍線部C「私はW君よりも、彼の妻君の眼を恐れた」とあるが、「私」が「妻君の眼」を気にするのはなぜか。その説明として最も適当なものを、次の①〜⑤のうちから一つ選べ。

①「私」に厚意をもって接してくれたW君が退社後に寝たきりで生活苦に陥っていることを考えると、見舞に駆けつけなくてはいけないと思う一方で、「私」の転職後はW君と久しく疎遠になってしまい、その間看病を続けた妻君に自分の冷たさを責められるのではないかと悩んでいるから。

② W君が退社した後慣れないパン菓子屋を始めるほど家計が苦しくなったことを知り、「私」が彼の恩義に酬いる番だと思う一方で、転職後にさほど家計も潤わずW君を経済的に助けられないことを考えると、W君を家庭で支える妻君には申し訳ないことをしていると感じているから。

③ 退職後に病で苦労しているW君のことを思うと、「私」に対するW君の恩義は一生忘れてはいけないと思う一方で、忙しい日常生活にかまけてW君のことをつい忘れてしまうふがいなさを感じたまま見舞に出かけると、妻君に偽善的な態度を指摘されるのではないかという怖さを感じているから。

④ 自分を友人として信頼し苦しい状況にあって頼りにもしているだろうW君のことを想像すると、見舞に行きたいという気持ちが募る一方で、かつてW君の示した厚意に酬いていないことを内心やましく思わざるを得ず、妻君の前では卑屈にへりくだらねばならないことを疎ましくも感じているから。

⑤ W君が「私」を立派な人間と評価してくれたことに感謝の気持ちを持っているため、W君の窮状を救いたいという思いが募る一方で、自分だけが幸せになっているのにW君を訪れなかったことを反省すればするほど、苦労する妻君には顔を合わせられないと悩んでいるから。

8点

問五　傍線部Ｄ「私は少し遠廻りして、Ｗ君の家の前を通り、原っぱで子供に食べさせるのだからと妻に命じて、態と其の店に餡パンを買わせた」とあるが、この「私」の行動の説明として最も適当なものを、次の①～⑤のうちから一つ選べ。

①　Ｗ君の家族に対する罪悪感を募らせるあまり、自分たち家族の暮らし向きが好転したさまを見せることがためらわれて、かつてのような質素な生活を演出しようと作為的な振る舞いに及んでいる。

②　Ｗ君と疎遠になってしまった後悔にさいなまれてはいるものの、それを妻に率直に打ち明け相談することも今更できず、逆にその悩みを悟られまいとして妻にまで虚勢を張るはめになっている。

③　家族を犠牲にしてまで自分を厚遇してくれたＷ君に酬いるためのふさわしい方法がわからず、せめて店で買い物をすることによって、かつての厚意に少しでも応えることができればと考えている。

④　Ｗ君の家族との間柄がこじれてしまったことが気がかりでならず、どうにかしてその誤解を解こうとして稚拙な振る舞いに及ぶばかりか、身勝手な思いに事情を知らない自分の家族まで付き合わせている。

⑤ 偶然を装わなければW君と会えないとまで思っていたが、これまで事情を誤魔化してきたために、今更妻に本当のことを打ち明けることもできず、回りくどいやり方で様子を窺う機会を作ろうとしている。

8点

問六　次に示す【資料】は、この文章（加能作次郎「羽織と時計」）が発表された当時、新聞紙上に掲載された批評（評者は宮島新三郎、原文の仮名遣いを改めてある）の一部である。これを踏まえた上で、後の(i)・(ii)の問いに答えよ。

【資料】

今までの氏は生活の種々相を様々な方面から多角的に描破[*1]して、其処《そこ》から或るものを浮き上《あが》らせようとした点があったし、又そうすることに依《よ》って作品の効果を強大にするという長所を示していたように思う。見た儘《まま》、有りの儘を刻明に描写する――其処に氏の有する大きな強味がある。由来[*2]氏はライフの一点だけを覘《ねら》って作をするというような所謂《いわゆる》『小話《こばなし》』作家の面影は有《も》っていなかった。

それが『羽織と時計』になると、作者が本当の泣き笑いの悲痛な人生を描こうとしたものか、それとも単に羽織と時計に伴う思い出を中心にして、ある一つの興味ある覘いを、否一つのおちを物語ってでもやろうとしたのか分《わか》らない程謂《い》う所の小話臭味の多過ぎた嫌いがある。若《も》し此《この》作品から小話臭味を取去《とり》ったら、即《すなわ》ち羽織と時計とに作者が関心し過ぎなかったら、そして飽くまでも『私』の見たW君の生活、W君の病気、それに伴う陰鬱な、悲惨な境遇を如実に描いたなら、一層感銘の深い作品になったろうと思われる。羽織と時計とに執し過ぎたこと[*3]は、この作品をユーモラスなものにする助けとはなったが、作品の効果を増す力にはなって居ない。私は寧《むし》ろ忠実なる生活の再現者としての加能氏に多くの尊敬を払っている。

宮島新三郎「師走文壇の一瞥《いちべつ》」（『時事新報』一九一八年一二月七日）

＊1　描破…あまさず描きつくすこと。
＊2　由来…元来、もともと。
＊3　執し過ぎた…「執着し過ぎた」という意味。

(i) **【資料】の二重傍線部に「羽織と時計とに執し過ぎたことは、この作品をユーモラスなものにする助けとはなったが、作品の効果を増す力にはなって居ない」とあるが、それはどのようなことか。評者の意見の説明として最も適当なものを、次の①〜④のうちから一つ選べ。**

① 多くの挿話からW君の姿を浮かび上がらせようとして、W君の描き方に予期せぬぶれが生じている。

② 実際の出来事を忠実に再現しようと意識しすぎた結果、W君の悲痛な思いに寄り添えていない。

③ 強い印象を残した思い出の品への愛着が強かったために、W君の一面だけを取り上げ美化している。

④ 挿話の巧みなまとまりにこだわったため、W君の生活や境遇の描き方が断片的なものになっている。

□ 6点

(ii) 【資料】の評者が着目する「羽織と時計」は、表題に用いられるほかに、「羽織と時計――」という表現として本文中にも用いられている（57行目、71行目）。この繰り返しに注目し、評者とは異なる見解を提示した内容として最も適当なものを、次の①～④のうちから一つ選べ。

① 「羽織と時計――」という表現がそれぞれ異なる状況において自問自答のように繰り返されることで、かつてのようにはW君を信頼できなくなっていく「私」の動揺が描かれることを重視すべきだ。

② 複雑な人間関係に耐えられず生活の破綻を招いてしまったW君のつたなさが、「羽織と時計――」という余韻を含んだ表現で哀惜の思いをこめて回顧されていることを重視すべきだ。

③ 「私」の境遇の変化にかかわらず繰り返し用いられる「羽織と時計――」という表現が、好意をもって接していた「私」に必死で応えようとするW君の思いの純粋さを想起させることを重視すべきだ。

④ 「羽織と時計――」という表現の繰り返しによって、W君の厚意が皮肉にも自分をかえって遠ざけることになった経緯について、「私」が切ない心中を吐露していることを重視すべきだ。

□

6点

第5講

『中庸』

小林秀雄

●学習日　月　日

●学習タイム　分

解答・解説 ▶P.152

次の文章を読んで、後の問いに答えよ。

左翼でなければ右翼、進歩主義でなければ反動主義、平和派でなければ好戦派、どつちとも付かぬ意見を抱いてゐる様な者は、日和見《ひよりみ》主義者と言つて、ものの役には立たぬ連中である。さういふ考へ方を、現代の政治主義ははやらせてゐる。もつとも、これを、考へ方と称すべきかどうかは、甚だ疑はしい。何故《なぜ》かと言ふと、さういふ考へ方は、凡《およ》そ人間の考へ方の自律性といふものに対するひどい ア ブベツを含んでゐるからである。現代の政治が、ものの考へ方など、権力行為といふ獣を養ふ食糧位にしか考へてゐないことは、イ シュウモクの見るところである。

昔、孔子が、中庸の徳を説いたことは、誰も知るところだが、彼が生きた時代もまた、政治的に紛乱した恐るべき時代であつたことを念頭に置いて考へなければ、中庸などといふ言葉は死語であると思ふ。おそらく、彼は、1 行動が思想を食ひ散らす様を、到るところに見たであらう。行動を[ウ]チョウハツし易いあらゆる極端な考へ方の横行するのを見たであらう。行動主義、政治主義の風潮の唯中《ただ》で、いかにして精神の権威を打《うち》立てようかと悩んだであらう。その悩ましい思索の中核に、自ら中庸といふ観念の生れて来るのを認めた、さういふ風に、私には想像される。さういふ風に想像しつゝ、彼の言葉を読むと、まさにさういふ風にしか、中庸といふ言葉は書かれてはゐないことが解《わか》る。

中庸を説く孔子の言葉は、大変烈《はげ》しいものであつて、[a]所謂中庸を得たものの言ひ方などしてはゐないのである。

[2]「天下國家モ均《ひと》シクス可《べ》シ、爵禄《しゃくろく》モ辭《じ》ス可シ、白刃モ踏ム可シ、中庸ハ能《よ》クス可カラザルナリ」

つまり、中庸といふ実践的な智慧《ちえ》を得るといふ事に比べれば、何も彼も皆易しいことだと言ふのである。何故、彼にはこんな言ひ方が必要だつたのだらうか。無論、彼の言ふ中庸とは、両端にある考へ方の間に、正しい中間的真理があるといふやうな、簡単な考へではなかつたのであつて、上のやうな言ひ方は、彼が考へ抜いた果てに到達した思想が、いかに表現し難いものであつたかを示す。様々な種類の正しいと信じられた思想があり、その中で最上と判定するものを選ぶことなどが問題なのではない。凡そ正しく考へるといふ人間の能力自体の絶対的な価値の救助とか、回復とかが目指されてゐるのだ。さういふ希《こいねが》ひが中庸と名付けられてゐるのである。彼の逆説的な表現は、この希ひを示す。私はさう思ふ。

「中庸ハ其《そ》レ至レルカナ」

ところで、彼が、君子の中庸と、小人の中庸とを区別して記してゐるのは興味あることだ。君子の中庸は「時ニ中ス」と言ひ、小人の中庸は b「忌憚ナシ」と言ふ。こんなことは空想家には言へないのである。中庸といふ過不及のない、変《かわ》らぬ精神の尺度を、人は持たねばならない、といふ様な事を孔子は言つてゐるのではない。いつも過不及があり、いつも変つてゐる現実に即して、自在に誤たず判断する精神の活動を言つてゐるのだ。さういふ生活の智慧は、君子の特権ではない。誠意と努力とさへあれば、誰にでも一様に開かれてゐる道だ。たゞ、この智慧の深さだけが問題なのである。君子の中庸は、事に臨み、変に応じて、命中するが、さういふ判断の自在を得る事は難《むず》かしく、小人の浅薄な中庸は、一見自由に見えて、実は c無定見に過ぎない事が多い。考へに自己の内的動機を欠いてゐるが為《ため》に、却《かえ》つて自由に考へてゐる様な恰好《かっこう》にも見える。つまり「忌憚なし」である。

孔子は一生涯、d倦まず説教し通したが、説教者の特権を頼む事の最も少かつた人である。遂《つい》に事成らず窮死したが、「君子固ヨリ窮ス」と嘆いただけで、殉教者のエカンショウの如《ごと》きものは、全く見られない。深い信仰を持つてゐたが、預言者めいたところは少しもなかつた。それどころか、彼の智慧には常に健全な懐疑の裏打ちがあつたやうに思はれる。彼は、だれの心のうちにも、預言者と宣伝家とがひそんでをり、これが表に現れて生長すると、世の中にはろくなことは起《おこ》らぬことを[オ]カンパしてゐたやうである。真理の名の下に、どうあつても人々を説得したい、肯じない者は殺してもいゝ、場合によつては自分が殺されてもいゝ。あゝ、[3]何たる狂人どもか。そこに、孔子の中庸といふ思想の発想の根拠があつた様に、私には思はれる。

無論、私は説教などしてゐるのではない。二千余年も前に志を得ずして死んだ人間の言葉の不滅を思ひ、併せて人間の[カ]アングの不滅を思ひ、不思議の感をなしてゐるのである。

『中庸』小林秀雄（一部表記を改めた）

問一　傍線部ア〜カのカタカナを漢字に改めよ（楷書で正確に書くこと）。

ア

イ

ウ

エ

オ

カ

各1点

問二　傍線部a〜dの漢字の読みを記せ。

a

b

c

d

各1点

問三　傍線部1を三十字以内で説明せよ。

5

10

15

20

25

30

8点

問四　傍線部2について、次の(1)・(2)の問いに答えよ。

(1) 平易な現代語に改めよ（八十字以内）。

			40			
80						15
	55					
			30			
70						5
		45				
				20		
60						
		35				
75						10
	50					
			25			
65						

6
点

(2) この表現がなぜ逆説であるのかを六十字以内で説明せよ。

6点

問五　傍線部3の部分で、筆者は、「狂人」という言葉をどのような意味で使っているか。五十字以内で説明せよ。

8点

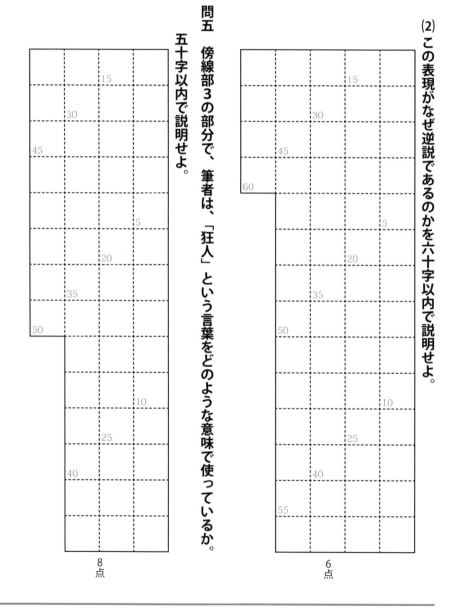

問六　「日和見主義」と「君子の中庸」との根本的な違いを、全体の論旨をふまえながら、一〇〇字以内で説明せよ。

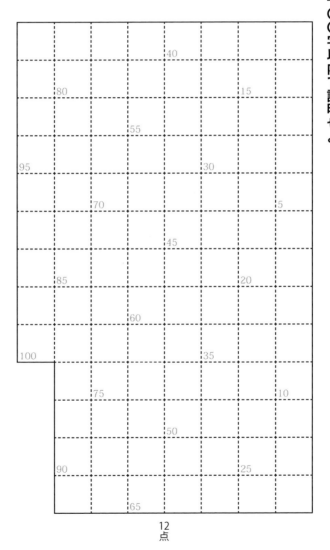

12点